Johann Kaspar Riesbeck

Briefe eines Reisenden Franzosen durch Bayern, Pfalz und einen Teil von Schwaben

An seinen Bruder in Paris

Johann Kaspar Riesbeck

Briefe eines Reisenden Franzosen durch Bayern, Pfalz und einen Teil von Schwaben
An seinen Bruder in Paris

ISBN/EAN: 9783743697478

Hergestellt in Europa, USA, Kanada, Australien, Japan

Cover: Foto ©Andreas Hilbeck / pixelio.de

Weitere Bücher finden Sie auf **www.hansebooks.com**

Briefe
eines
Reisenden Franzosen
durch
Bayern, Pfalz
und einen Theil von
Schwaben
an
seinen Bruder zu Paris.

Aus dem Französischen übersetzt.

MDCCLXXXIII.

Erster Brief.

Stuttgard den 3. April. 1780.

Hier, lieber, hab' ich mich zum ersten mal in Deutschland gelagert, um nach meiner Gemächlichkeit in die verschiedenen Theile des Schwabenlandes Ausfälle zu machen, und die nöthigen Kundschaften einzuziehn.

Ich hab es mir zur Regel gemacht, mir für jeden bestimmten Theil Germaniens einen gewissen Mittelpunkt zu wählen, darinn einige Zeit zu verweilen, und die Gegend umher mit Muse zu überschauen. Ich will Deutschland bis auf einen gewissen Grad im eigentlichsten Verstand studieren. Wer wollte aber dieses Studium bis in das sehr grosse Detail der sehr kleinen Staten des deutschen Reiches, der unzähligen Grafschaften, Baronien, Republiken u. dgl. treiben? Diesen erweiset man wahrhaftig schon zu viel Ehre, wenn man nur sagt, daß sie existiren.

Du weißt, daß ich mich eine Zeitlang in Straßburg aufhielt, um das Deutsche, welches ich schon zu Paris lesen konnte, ein wenig sprechen zu lernen, und mich vorläufig mit dem Land, das ich bereisen wollte, in Karten und Büchern bekannt zu machen. Ich fand zu diesem Zweck mehr Hilfsmittel, als ich erwartete. Wahrhaftig, es ist die Schuld der deutschen Geographen und Statistiker nicht, daß man ihr Land ausser demselben so wenig kennt.

Wenn du mir also ein wenig Beobachtungsgeist zutraust, so kanst du in meinen Briefen etwas mehr erwarten, als du in den Reisebeschreibungen einiger unserer Landsleuthe und einiger Engländer von Deutschland gesehen hast. Gemeiniglich sind dies Leuthe, die nur die grossen Höfe besuchen. Da fahren sie die Heerstrassen her, fahren in ihren wohlverschlossenen Waagen, als wenn sie, wie Freund Yorik, dem Tod entfliehn wollten, brüten in dem Gewölke ihrer Ausdünstungen Grillen aus, die sie uns dann für ächte Produkte des Landes geben, welches sie mit Extrapost durchreist haben, und haschen allenfalls am Stadtthor, am Gasthof, bey ihrem Wechsler, bey einem Mädchen von gutem Willen, im Opernhaus, oder bey Hofe ein Anekdötchen, woraus sie uns den Karakter und Geist eines Volks gar geschickt herauszuklauben wissen. Gar oft verstehn sie kein

Wörtchen von der Sprache des Volkes, das sie uns schildern, und lernen einen kleinen Theil der Einwohner einer Hauptstadt, mit dem sie auf Gerathewohl in Bekanntschaft kommen, durch eine fremde Sprache, und eben dadurch auch in einem fremden und falschen Lichte kennen. Ein Reichsgraf oder Baron, wenn er nicht in Frankreich gebildet worden, muß Grimassen machen, wenn er mit einem Marquis französisch spricht. Jede Sprache paßt nur auf die Sitten und die eigenthümliche Art ihres Landes.

Man muß sich in alle Klassen des Volks mischen, das man will kennen lernen. Selten thun das die Herren, die uns ihre Reisen beschreiben; selten können sie es thun. Gemeiniglich bleiben sie in dem engen Zirkel von Leuthen, in den sie von ihrem Interesse, ihrer Laune, ihrem Vergnügen, ihrem Stand, u. s. w. gezogen werden, und sehen dann alles nur einseitig an. Kurz man muß ein studierender Reisender von Profeßion seyn, um in das Eigenthümliche eines ganzen Volks einzudringen.

Deutschland genau kennen zu lernen, ist ungleich schwerer, als irgend ein anderes europäisches Land. Hier ist es nicht wie in Frankreich und den meisten andern Ländern, wo man in den Hauptstädten, sozusagen, die Nation in einer Nuß beysammen hat. Hier ist keine Stadt, die dem ganzen Volk einen Ton giebt. Sie ist in fast unzählige, grössere und kleinere Horden zertheilt, die durch Regierungsform, Religion und andere Dinge unendlich weit von einander unterschieden sind, und kein anderes Band unter sich haben, als die gemeinschaftliche Sprache.

Uebrigens kennst du meine Art zu reisen. Kann ich nicht auf den öffentlichen, ordinären Fuhren, die mir der Gesellschaft wegen (und sollte sie auch nur aus Juden, Kapuzinern und alten Weibern bestehn) ausserordentlich lieb sind, zu Wasser oder Lande fortkommen, so bin ich meistens zu Fuße, die Ritte auf meinem Steckenpferd abgerechnet.

Auch weißt du wohl, daß ich Weltbürger genug bin, um auch ausser meinem Vaterlande Gutes und Schönes zu finden, und mich eben nicht höchlich darob zu ärgern, wenn nicht alles wie bey uns ist. Im Wesentlichen ist es doch so. Der Unterschied beruht blos auf gewissen Beziehungen und Modifikationen.

Rechne also alle Woche wenigstens auf Einen Brief, worinn du irgend ein deutsches Volk, oder eine deutsche Landschaft wirst kennen

Brief.

lernen. Gewiſſe Beobachtungen über das Ganze, die vielleicht das Intreſſanteſte für dich ſind, muß ich natürlich bis zu Ende aufſparen, wenn ich die einzele Theile, die noch dazu als zerriſſenes Stückwerk da liegen, werde beſichtigt haben. — Auf einen Pak Rabotetien, die du mit unter wirſt verſchluken müſſen, wird es dir nicht ankommen. Ich denke, dein Magen iſt durch unſere neueſten Brochüren ſcho n daran gewöhnt worden, und ich werde ſie dir auch in kleinen Doſen eingeben.

Lebe wohl.

II.

Stuttgard den 8. April 1780.

Ich hoffe, du haſt meinen Brief vom 3. dieſes richtig erhalten. Er ſollte eine Art von Einleitung in die Korreſpondenz ſeyn, womit ich dich einige Jahre durch zu plagen gedenke. Ich weiß wie ſauer dir das Briefſchreiben wird; aber wenigſtens muß ich auf 6 Briefe eine Antwort haben. Kannſt du dich platterdings nicht zum Schreiben entſchlieſſen, ſo bitte die Nanette, es nur in wenig Zeilen zu thun. Ich weiß, sie thuts gerne, und ich will dann den Brief tausendmal küssen. — Nun zu meinem Tagebuch.

Wie ich am Gasthof in Straßburg auf den Postwagen sitzen wollte, kam H. B. ·1 in starkem Trott mit vieren daher gefahren. Ohne Zweifel hast du ihn bey Madame H. ·· zu Paris gesehen. Auf seine Frage: wohin? sagte ich ihm: die Kreuz und Quere durch Deutschland. O erwiederte er, ich habe eben das Hundeland durchreißt. Beym Henker, es lohnt sich der Mühe nicht. Er wollte mich bereden, mit ihm nach N·· zurückzureisen. Anfangs dacht' ich, er habe wirklich, wenigstens durch einen ansehnlichen Theil Deutschlands, eine Reise gemacht, fand aber bey genauer Untersuchung, daß er auf seiner Schweitzerreise nur einen flüchtigen Ausfall auf das ebene Land von Schwaben und Bayern bis nach München gethan habe, und von da über Augspurg, Ulm und Freyburg nach Frankreich zurückgekehrt sey. Da eben eine deutsche Postkarte an der Thüre des Gastzimmers hieng, so nahm ich meinen Degen unter dem Arm hervor, und fuchtelte mit der Spitze der Scheide auf derselben herum, um ihm begreiflich zu machen, daß er, weit entfernt, Deutschland durchreißt zu haben, so gut als nichts von Deutschland gesehen. Er achtete nicht darauf. Gehn Sie, gehn Sie, sagte er; ich hätte den Henker vom ganzen Lande.

Meine Reisegesellschaft bestand aus einem Weinhändler von Ulm, mit einer melancholischen Fratze, der immer die Lippen verzog, als wenn er so eben sauern Wein gekostet, und einer alten Vettel, vermuthlich aus einem Bordel von Straßburg, die, wie sie sagte, als Gouvernante in ein grosses Haus nach Wien berufen worden. Beyde waren mir platterdings ungenießbar. Auf der langen Rheinbrücke machte ich also meine Betrachtungen über den Begrif, den man in der grossen Welt bey uns mit dem Wort: le Nord, verbindet. Die Gasconade des H. B** und die deutsche Postkarte hatten mich darauf gebracht. Ich durchlief in Gedanken all das weite Land, das sich von unsern Gränzen an, über die ich eben fuhr, biß an das Eismeer hinauf erstreckt. Ich zählte mir die vielen, mächtigen Völker vor, die in diesem Nord mit unsterblichem Ruhm aufgetretten sind. Da sind in alten Zeiten die Cimbrer, die Gothen, die Franken, die Sachsen, die Schwaben, die Allemanen, u. a. und in der neuern Geschichte die Schweden, Preussen und Russen; und dies ganze ungeheure Land, und alle die schrecklichen Völker zwängen wir in einen Begrif ein, der um nichts grösser ist, als den wir mit les Pays bas, verbinden. les Pays-bas und le Nord sind in dem Kopf eines Franzosen so kleine Anhänge an dem grossen, allmächtigen Frankreich — „Da läßt sich nichts bessers darüber sagen, spricht Herr Tristram Schandy bey einem ähnlichen Anlaß, als: die Franzosen haben eine lustige Art, alles, was groß ist, zu behandeln. Ich mußte innerlich lachen, wie mir diese Bemerkung zu Sinne kam, und der Anblick der ganz verfallenen Vestung Kehl gab diesem innerlichen Gelächter einen neuen Schwung. Ich dachte mir unsern grossen Ludwig, wie er in seinem grossen Vorhaben, die kleinen Anhänge von Pays-bas und Nord samt dem bisgen Italien, Spanien u. s. w. unter den französischen Zepter zu bringen, diese Vestung zum Schlüssel seiner Eroberungen jenseits des Rheins anlegen ließ. Bey meiner Treu, das war doch lustig, sagt ich zu mir, wie ich die Kasernen und Spuren der ehemaligen Vestungswerke betrachtete. — Noch lustiger ist, daß Beaumarchais seinen Voltaire in diesen Kasernen will drucken lassen. Zum Teufel, sagt ich, (und mein innerliches Gelächter brach zugleich äusserlich aus). Ist denn das grosse Frankreich seit Ludwig XIV. für ein Dutzend Druckerpressen zu klein geworden.

Brief.

Den kleinen Schleichhandel mit der Stadt Straßburg abgerechnet, hat Frankreich von der sogenannten Vestung Kehl nichts zu beförchten. Der Ort ist in jedem Betracht unerheblich, und gehört nebst einigen nachgelegenen Dörfern dem Markgrafen von Baden. Ueber die verschwundenen Vestungswerke aber behauptet das gesamte Korps des heiligen römischen Reiches seine Gerechtsame.

Auf dem Weg nach Karlsruhe hatte ich mancherley Empfindungen. Bey dem Anblick des Schlosses zu Rastadt, worinn 1714. der Friede zwischen uns und den Oestereichern geschlossen ward, fühlte ich mit aller Wärme, daß ich ein Franzos bin. Alle die Helden und die grossen Staatsmänner, die durch das vorige Jahrhundert bis zu dieser Epoche unsern Namen verherrlichten, und uns weit über alle übrigen Nationen erhoben, stellten sich meiner Einbildungskraft dar. Ich stand einige Zeit unbeweglich da, entzückt durch die Erinnerung all der herrlichen Thaten. Aber wie gedemüthigt, wie niedergeschlagen ward ich auf einmahl durch den Gedanken, daß das zugleich die Endepoche unserer Grösse war; daß mein Vaterland seit dieser Zeit keinen der grossen Männer wieder hervorbringen konnte; daß seit dem der

Ruhm jener Völker, die wir damals so tief unter uns hatten, in eben dem Maaß stieg, wie der unsrige sank. Ich wollte nun vergessen, daß ich ein Franzos bin; suchte als Weltbürger Trost in der Betrachtung, wie viel ganz Europa seit dem gewonnen, sogar durch unsern Verfall gewonnen. Aber es war umsonst. Die Spuren der entsetzlichen Verwüstungen, welche eben jene grosse Helden in diesen Gegenden zurückgelassen, machten mich vollends schamroth, daß ich einen Augenblick zuvor so stolz auf sie war.

Zu Karlsruhe hielt ich einige Ruhetäge. Ich war so glücklich, gleich in den ersten Stunden meines Aufenthalts daselbst mit einem vortreflichen Mann bekannt zu werden, der mit dem besten Herzen die Feinheit eines ausgebildeten Weltmannes, und mit einer unermüdeten Thätigkeit für den Dienst seines Fürsten viel Geschmak und Kenntniß sowohl unserer, als auch der italiänischen, englischen und deutschen Literatur verbindet. Der Hof von Karlsruhe hat mehrere Männer von der Art. Schon zu Straßburg lernte ich einige derselben kennen.

Ich mußte mit ihm eine kurze Spazierreise nach Speyer machen, um einen seiner Bekannten zu besuchen. Unser Weg gieng über Bruchsal, der Residenz des Bischofs von Speyer durch ein waldigtes, mit kleinen angebauten Flecken unterbrochenes Land. Das Holz macht einen ansehnlichen Theil der Einkünfte sowohl des Karlsruher als auch des Bruchsaler Hofes aus. Es wird auf dem Rhein nach Holland geflößet, und allda sehr theuer verkauft. Die Waldung, wodurch wir kamen, ist ein auffallender Beweis von der Vorzüglichkeit einer Erbregierung gegen die Staatsverwaltung eines Wahlfürsten. Die Badensche Holzung wird mit der sorgfältigsten Oekonomie benuzt und gepflegt, weil dem Fürsten daran gelegen ist, daß diese Quelle von Einkommen für seine Nachkommenschaft in ihrem Stand erhalten werde; da hingegen zu Bruchsal, wo des Fürsten Nachkommenschaft keine Ansprüche auf das Holz zu machen hat, der augenblickliche Genuß desselben mehr für die Benuzung, als für die Erhaltung dieses Schazes spricht. Mit den Menschen verhält es sich, wie mit dem Holz, es ist auffallend.

Bruchsal ist ein artiges Städtchen, und die Residenz des Fürsten ein merkwürdiges Gebäude. Der jezige Fürst-Bischof soll, einige Anwandlungen von böser Laune, abgerechnet, kein schlimmer Regent seyn. Sein Humor äussert sich besonders gegen das Frauenzimmer auf eine seltsame Art. Man versicherte mich, wenn er es könnte, er würde alle Mädchen zu Nonnen machen, und die Männer kastriren. Er soll kein Frauenzimmer ansehen können, ohne in Versuchung zu kommen auszuspeyen. In seiner Jugend soll er über diesen Punkt anders gedacht haben. Seine jährlichen Einkünfte belaufen sich, wie man mir sagte, beynahe auf 300000 Gulden, oder etwas über 600000 Livres, und er ist bey weitem keiner der reichsten Bischöfe Deutschlands.

Speyer ist eine kleine freye Reichsstadt, die ehedem ungleich ansehnlicher war, als sie jezt ist. Gegen das Ende des vorigen Jahrhunderts ward sie von der französischen Armee gänzlich zerstört, lag eine Zeit lang wüste, und ist nun kaum zur Hälfte wieder erbaut. Sie war eine der ersten römischen Kolonien an den Ufern des Rheines. Man findet in der Gegend sehr viele römische Münzen.

Hier, Bruder, stand ich mitten auf dem Schauplatz des Schreckens, den unsere Truppen im vorigen Jahrhundert längst dem Rhein hinab bis an die Mosel verbreiteten, wo Melac mit seinem Heer nicht als ein Feldherr, sondern als das Haupt einer Mordbrenner-Bande handelte, über 60 blühende Städte in Asche legte, und eins der schönsten Länder des Erdbodens zu einer Wüste machte; wo Turenne, der gröste Feldherr des grösten Königs zu der Zeit, dem wehrlosen Kurfürsten von der Pfalz, der bey dem Anblick der Verheerung seines Landes in eine edle Wuth gerieth, sein Leben für sein Volk setzen wollte, und den Turenne auf einen Zweykampf herausfoderte, mit dem Bon Mot antwortete: Seitdem er die Ehre habe, dem König von Frankreich zu dienen, schlage er sich nur an der Spitze von 20000 Mann. Wie klein steht in meinen Augen der grosse Turenne da, wie er dem gefühlvollen Fürsten mit kaltem Witz ins Gesicht trotzt: Sieh, diese 20000 Franzosen berechtigen mich, dein Land zu verwüsten!

Mein Freund führte mich an die Kathedralkirche, die noch halb im Schutt liegt. Hier sah ich die entweihte Ruhestädte der alten Kayser, deren Särge unsere Soldaten plünderten, und deren Gebeine sie zerstreuten. „Das geschah in Ihrem goldnen Zeitalter, sagte mir mein Freund, unter Ludwig XIV, wo Sie die grösten Dichter, Redner, Tänzer, Philosophen, u. dgl. m. hatten; wo Ihre Verfeinerung auf den höchsten Grad stieg; und wir Deutsche in Ihren Augen nicht viel mehr als Irokesen waren. — Fast, Bruder, hätte ich mich geschämt ein Franzos zu seyn — —

Sowohl zu Speyer, als zu Bruchsal fand ich in den wenigen Häusern, worinn wir unsre flüchtigen Besuche abstatteten, mehr Geselligkeit und guten Ton, als ich erwartete. Ich bemerkte, daß man in diesen Gegenden sehr für die Fremden eingenommen ist.

Die wenigen Tage, die ich zu Karlsruhe zubrachte, gehören unter die vergnügtesten meines Lebens. Ich sah einen Fürsten, der wirklich blos für seine Unterthanen lebt, und nur in ihrem Glük das seinige sucht; dessen aufgeklärter, thätiger Geist den ganzen Staat belebt, und durch seinen Einfluß alle, die an der Staatsverwaltung Theil haben, zu warmen Patrioten gebildet hat. Der ohne Anspruch auf äussere Scheingrösse blos für sein Volk und nur durch stille Wirksamkeit für das Wohl desselben groß seyn will. Erziehungsanstalten, Policeyverordnungen, Ermunterungen zum Landbau und zur Industrie, kurz alles athmet den Geist der Philosophie und warmen Menschenliebe. O daß er nicht viele Millionen Menschen so glüklich machen kann, als er seine 200000 macht!

Nach den Kurfürsten und den Häusern Würtenberg und Hessenkassel ist der Markgraf von

von Baden einer der mächtigsten Fürsten des deutschen Reiches. Nur die Fürsten von Bayreuth und Darmstadt können sich mit ihm messen. Seine Einkünfte belaufen sich beynahe auf 1200000 Gulden, oder 2600000 Livres.

Die Markgräflichen Lande liegen von Basel längst dem rechten Ufer des Rheins herab bis nahe an Philipsburg, und von da durch einen Theil des Elsasses bis zur Mosel hin zerstreut. Wenn sie rund beysammen lägen, so würden sie noch mehr eintragen. Sie haben einen Ueberfluß an Getreide, Vieh, Holz und Wein, welcher besonders in dem nahe bey Basel gelegenen Theil vortreflich wächßt. Man bricht auch Marmor im Lande, und thut ihm die Ehre an, ihn mit dem florentinischen und kararischen zu vergleichen; aber gewiß ist man zu höflich gegen seinen Landsmann — Die sanfte Regierung gewährt den Einwohnern einen ruhigen Genuß der Güter, womit die Natur ihren Fleiß so reichlich lohnt. Da die Eingeschränktheit der Einkünfte und die kluge Oekonomie des Hofes ihnen keine Aussichten zu übermäßigem Reichthum öffnet, sie aber zugleich gegen drükende Armuth geschützt sind, so leben sie fast alle in dem glüklichsten Mittelstand. Die Sicherheit ihres

B

Eigenthums und Erwerbes, und der durch die Schiffahrt auf dem Rhein erleichterte Absatz macht ihren Kunstfleiß rege. Die Manufakturen mehren sich von Jahr zu Jahr, und einige derselben, z B. das Fayence von Durlach nehmen sich vorzüglich aus. Auch mit dem Seidenbau hat man schon glükliche Versuche gemacht.

Der Markgraf ist als Privatmann eben so liebenswürdig und glücklich, als er es als Fürst ist. Er und seine Frau Gemalin, eine Prinzeßin von Darmstadt, lieben die Musen und Grazien, und der Hof ist die beste Gesellschaft zu Karlsruhe. Man braucht wenig Titel, um Eintritt zu finden.

Der Hof ist wegen seiner Oekonomie in den benachbarten Gegenden sehr verschrieen. Sie mag wirklich in einigen Stüken übertrieben werden; aber der Fürst selbst hat keinen Theil daran. Seine Frau Mutter fand etwas Kärglichkeit nöthig, um ihr Haus von der alten schweren Schuldenlast zu befreyen. Als der Fürst im Jahr 1771 die Regierung der Lande des ausgestorbenen Hauses Baaden-Baaden antrat, fand man zu Rastadt fast so viele Schulden, als die ganze Erbschaft werth war. Mätressen, Pfaffen, Jäger und Köche hatten seit länger Zeit gewetteifert, diesen Hof zu Grunde zu richten, und unter der letzten Regierung war man in der Wirthschaft zum Theil aus Vorsatz nachläßig, weil man sah, daß ein anders und zwar ein protestantisches Haus nachfolgen würde. Auch das alte Erbe des Markgrafen war durch Kriege und starke Apanagen mit Schulden beschwert. Nun hat man sich eben nicht sehr zu wundern, wenn die Fürstin Mutter nicht gerne sieht, daß die Blumen in dem Hofgarten, womit, so wie mit Obst ein kleiner Handel getrieben wird, von den Prinzen zu Sträussen gebrochen werden. Ohne die äusserste Sparsamkeit wäre der Hof verloren gewesen. Die Schulden hätten sich von selbst immer mehr gehäuft; nun sind sie aber größtentheils schon getilgt. Auch fand ich bey genauer Untersuchung, daß das Geschrey hauptsächlich durch einige Schöngeister entstanden war, die sich durch Verbreitung solcher Anekdötchen rächen wollten, daß ihnen der Hof zu Karlsruhe nicht den Hunger gestillt.

Karlsruhe ist ein artiges, nach einem sehr eigensinnigen Plan von Holz neuerbautes Städtchen, das mitten in einem grossen Walde, einem Rest des ungeheuern Gehölzes liegt, welches zu Tacitus Zeiten ganz Deutschland dekte. Damals zogen hier Auerochsen und Elendthiere, die sich nun in die diksten Wälder von Rußland verkrochen haben, heerdenweise hier umher. Der Abstich eines so verfeinerten Hofes und Volkes mit der ehemaligen Wildnis hatte viel Vergnügen für mich — Durch dieses Holz hat man nach den 32 Winden 32 Alleen gehauen, und auf 9 derselben die Stadt in Gestalt eines Fächers erbaut. Aber das siehst du mit einem Blick auf dem Grundriß der Stadt und Gegend, den du ohne Zweifel in deiner Sammlung von Landkarten hast, besser als ich es dir beschreiben kann. Aber eine Anekdote von dem Erbauer des Orts kann ich nicht übergehn. — Ein durchreisender Kavalier äusserte vor ohngefähr 40 Jahren seine Befremdung darüber, daß das Schloß von Holz und wenigstens nicht von Baksteinen erbaut wäre. „Ich wollte nichts als ein Obdach haben, antwortete der Fürst, und meinen Unterthanen durch einen kostbaren Bau nicht lästig fallen. Ohne einen harten Druk derselben könnte ich nicht prächtiger wohnen. — Bruder; hätte man bey der Erbauung vom Louver, von Versailles, von Marly, so groß auch der Abstand zwischen einem König von Frankreich und einem Markgrafen von Baaden seyn mag, nicht ähnliche Betrachtungen machen sollen? Lebe wohl.

III.

Stuttgard den 14 April. 1780.

Von Karlsruhe wanderte ich zu Fuße hieher, durch ein romantisches und zum Theil sehr schön angebautes Land.

So wie man aus Champagne in Lothringen tritt, sieht man schon einen merklichen Unterschied zwischen dem Zustand des altfranzösischen Bauers und jenes in den neueroberten Landen; wiewohl die letztern Gouverneurs diese Provinz schon ziemlich auf altfranzösischen Fuß zu setzen gewußt haben. Aber im Elsaß ist dieser Unterschied auffallend. In Vergleich mit einem Altfranzosen ist der elsaßische Bauer ein Freyherr. Zwar hab' ich in der Gegend von Straßburg auch schon über ungewohnte Bedrückungen klagen gehört; aber wenn die Elsasser den Zustand ihrer Landsleuthe in den innern Provinzen des Reiches kennten; sie würden selbst ihre Klagen für ungerecht erklären.

In dem Strich von Deutschland, den ich bisher gesehen, befindt sich der Bauer noch viel besser als im Elsaß. In verschiedenen Ländern, wie z. B. im Würtembergischen, ist er durch die

Regierungsverfassung gegen allzugrosse Despotie gesichert, und in kleinern Staaten schaft wohl auch das kaiserliche Ansehn Rath, wovon ich dir in der Folge einige Beyspiele zeigen werde. Auf dem Wege von Karlsruhe hieher konnte ich den Wohlstand der Landleuthe nicht genug bewundern.

Ehe ich dir meine Ausfälle in die benachbarten Gegenden von Schwabenland beschreibe, muß ich dich erst mit dem hiesigen Hof bekannt machen. Ohne Zweifel erwartest du Beschreibungen von prächtigen Festen, Bällen, Beleuchtungen, Opern, Balleten, Jagden, Konzerten, u. dgl. Mit allem dem kann ich dir nicht aufwarten. Man gräbt nun keine Seen mehr auf Bergen, und läßt sie frohndenweise durch die Bauern mit Wasser füllen, um einen Hirsch darinn zu jagen. Man beleuchtet keine Wälder mehr, und läßt mitten in denselben aus künstlichen Grotten ganze Heere von Faunen und Satyren springen, um zur Mitternachtsstunde ein wohllüstiges Ballet zu tanzen. Man baut keine blühende Gärten mehr mitten im Winter unter ungeheuern Dächern, worunter die Oefen den Trieb der Natur ersetzen müssen, und man durch den Duft der Blumen wie im Frühling spazieren kann. Das berühmte Opernhaus, worinn

Brief.

Noverre sich in seiner Grösse zeigte, steht nun öde da. Du staunst über die Veränderung — Ich kann sie dir nicht besser, als durch die eigne Worte des Herzogs erklären.

Im Jahr 1778. lies der liebenswürdige Herzog bey Gelegenheit seines Gebuhrtstages ein Manifest ergehen, wovon folgendes Auszüge sind — „Da Wir ein Mensch sind, und un-
„ter diesem Wort von dem so vorzüglichen
„Grad der Vollkommenheit beständig weit ent-
„fernt geblieben, und auch inskünftige bleiben
„werden; so hat es nicht anderst seyn können,
„als daß theils aus angebohrner menschli-
„cher Schwachheit, theils aus unzulänglicher
„Kenntniß und andern Umständen sich viele Er-
„eignisse ergeben, die, wenn sie nicht geschehen,
„sowohl für jezt als für das künftige eine ande-
„re Wendung genommen hätten. Wir beken-
„nen es freymüthig; denn dies ist die Schul-
„digkeit eines Rechtschaffenen, und entladen
„uns damit einer Pflicht, die jedem Rechtden-
„kenden, besonders aber den Gesalbten der Er-
„de, immer heilig seyn und bleiben muß. Wir
„sehn den heutigen Tag (Es war sein 50ster
„Geburthstag) als eine zweyte Periode unseres
„Lebens an — Wir geben unseren lieben Un-
„terthanen die Versicherung, daß alle die Jah-

„re, die Gott uns noch zu leben fristen wird, zu
„ihrem wahren Wohl angewendet werden sol-
„len — — Würtembergs Glücklichkeit soll also
„von nun an und auf immer auf der Beobach-
„tung der ächtesten Pflichten des getreuen Lan-
„desvaters gegen seine Unterthanen und auf
„dem zärtlichen Zutrauen und Gehorsam der
„Diener und Unterthanen gegen ihren Gesalb-
„ten beruhen — Ein getreuer rechtschaffener
„Unterthan bedenke, daß das Wohl eines gan-
„zen Staats oft dem Wohl eines Einzeln vor-
„ausgehn müsse, und murre nicht über Umstän-
„de die nicht allemal nach seinem Sinne seyn
„können — Wir hoffen, jeder Unterthan wird
„nun getrost leben, daß er in seinem Landes-
„herrn einen sorgenden, getreuen Vater vereh-
„ren kann. Ja, Würtemberg muß es wohl gehn!
„Dies sey in Zukunft und auf immer die Losung
„zwischen Herrn, Diener und Unterthan.„

Der Herzog ist nun ganz Philosoph; stiftet Schulen, und besucht sie fleißig; treibt Land= wirthschaft, und ist sogar oft beym Melken der Kühe; schützt Künste, Wissenschaften und Hand- lung; errichtet Fabricken, und lebt wirklich bloß, um das wieder gut zu machen, was er allenfalls verdorben hat.

Brief.

Sein feuriges Genie riß ihn zu dem Aufwand für Pracht und Sinnlichkeit hin, wodurch er sich in ganz Europa berühmt gemacht. Der Ton der damaligen Zeiten, die Beyspiele andrer Höfe, als des sächsischen und pfälzischen, der italiänische Geschmack, den er auf seinen Reisen annahm, die Verführung seiner Bedienten, worunter sich unsere Landsleuthe besonders hervorthaten, und verschiedene andere Umstände gaben diesem Genie vollends eine falsche Richtung. Die Schulden häuften sich. Man suchte Hilfe in neuen Auflagen. Die Landstände sträubten sich dagegen, und ertrozten endlich eine Kommißion vom kaiserlichen Hof. Man soll gegen 16 Millionen Gulden Schulden vorgefunden haben. Die bösen Rathgeber werden vom Herzog entfernt. Unterdessen wird an den meisten deutschen Höfen ein gewisser philosophischer und wirthschaftlicher Ton herrschend. Sogleich entscheidet sich das Genie des Herzogs mit eben der Wärme, womit es zuvor an dem wohllüstigen Pracht hieng, für die gute Sache. Die Gräfin von Hohenheim, ehemals Frau von **, ist unter der Menge Frauenzimmer, die der Herzog kennen lernte, das einzige, das mit ihm sympathisiren und ihn firiren kann; und so geschah die Veränderung, worüber die Patrioten im Würtembergischen entzückt sind, und die noch die spätesten Enkel segnen werden — Wehe dem Mann, der darüber witzeln und spotten kann!

Nun könnte ich dich lange mit den Schulanstalten des Herzogs, besonders mit seiner berühmten Militär-Akademie unterhalten, wenn ich nicht glaubte, daß sie dir schon zum Theil bekannt wären, und ich nicht wegen dem gezwungenen Wesen an unsern Schulen überhaupt, und besonders an den hiesigen einen unüberwindlichen Eckel hätte. Ich gebe zu, es ist gut, vortreflich, sogar bey den heutigen Staatsverfassungen nothwendig, daß man die jungen Leuthe voll Gelehrtheit pfropft, noch ehe ihre Körper und Sinnen ausgebildet sind; aber ich kann mir nicht helfen; ich möchte allezeit ausspeyen, wenn ich einen Jüngling von 16—18 Jahren sehe, der wie ein Magister spricht und sich wie derselbe gebehrdet. Meine Buben, wenn Gott mir einige schenken sollte, müßten bis in diese Jahre wie die jungen Kosaken aufwachsen — Doch meine Gedanken über die Erziehung will ich dir auf ein andermal versparen. Nun etwas vom Lande Würtemberg.

Der gröste Theil des Herzogthums ist ein grosses Thal, das gegen Osten von einer Bergkette, die Alp genannt, gegen Westen vom

Schwarzwald, gegen Norden von einem Theil der Berge des Odenwaldes und einem Arm des Schwarzwaldes, und gegen Süden von den zusammenlaufenden Armen der Alp und des Schwarzwaldes eingeschlossen ist. Im ganzen ist es gegen Norden abhängigt, und wird in der Mitte vom Necker durchströmt. Eine Menge kleinere Arme laufen von den verschiedenen Bergketten umher gegen die Mitte zu, kreuzen sich auf die mannigfaltigste Art, und bilden kleinere Thäler, die von unzäligen Bächen gewässert werden. Diesen kleinen Bergästen, welche die Thäler gegen die rauhen Winde decken, und zwischen denen sich die Sonnenhitze einfängt, hat das Land seine grosse Früchtbarkeit zu danken. Auf der sonnigten Seite sind die meisten Berge und Hügel bis auf eine gewisse Höhe mit Weinreben bepflanzt; Oben sind vortrefliche Waiden und Waldungen, und in den Tiefen liegt eine leichte, lokere, graue Erde, die alle Getreidearten, besonders aber den Dinkel, in erstaunlicher Menge zurückgiebt. Im Ganzen hat das Land viele Aehnlichkeit mit dem mittleren Theil von Lothringen, ist aber lange nicht so steinigt und hat viel bessere Erde. Es hat an allen Lebensbedürfnissen einen grossen Ueberfluß, das Salz ausgenommen, wovon es den grösten Theil zu seiner Konsumtion aus Bayern bezieht. Der Ueberfluß von Getreide wird meistentheils in die Schweitz, und der Wein jezt bis in England verführt.

Die Grösse des Landes beträgt nicht mehr als ohngefehr 200 deutsche oder 266 französische Quabratmeilen, und in diesem Umfange wohnen 560000 Menschen, also im Durchschnitt 2800 Seelen auf einer deutschen Quabratmeile. Ausser den Gegenden um die Hauptstädte, und einigen Bezirken in Italien sind gewiß wenige Länder in Europa nach dem Verhältniß der Grösse so stark bevölkert, und doch trägt das Land so viel Getreide, daß es noch einmal so viel Menschen nähren könnte.

Die Einkünfte des Herzogs sollen beynahe 3 Millionen Gulden betragen. Ich finde das sehr wahrscheinlich, obschon verschiedene gebrukte Nachrichten eine viel kleinere Summe angeben. Es sind wenige Länder in Deutschland, wo von den jährlichen Einkünften nicht 5 Gulden im Durchschnitt auf den Kopf kommen sollten. Nach der Vergleichung, die ich aus öffentlichen Nachrichten hierüber angestellt habe, fallen in der Vertheilung der Revenüen in vielen Ländern noch mehr als 5 Gulden auf einen Kopf. Warum sollte es in Würtemberg, einem der ergiebigsten Länder von Deutschland, wo der Unterthan eben auch um nichts mehr geschont wird, nicht auch so seyn?

Der Herzog ist nach den Kurfürsten ohne Vergleich der mächtigste Fürst Deutschlands. Der Landgraf von Hessenkassel hat nicht viel über 2 Drittheile von den Unterthanen und den Einkünften desselben, ob er schon wegen seiner Verbindung mit England mehr Aufsehens macht.*

Die Verwaltung des Herzogthums ist lange nicht so einfach, als jene der baadenschen Lande. Hier wimmelt es von Räthen, Schreibern, Prokuratoren und Advokaten, wovon wenigstens die Hälfte überflüßig, aber durch die Landesverfassung zum müßigen Genuß ihres Gehaltes berechtigt ist. Ein Theil davon gehört zu dem Parlament, welches die herzogliche Gewalt einschränken soll — Aber auch der Hofstaat des Herzogs ist, der ansehnlichen Reduktionen ohngeachtet, noch übermäßig zahlreich.

---

* Nach dem Absterben des jetzregierenden Landgrafen wird durch die Vereinigung der Hanauischen Lande mit den kasselschen der Unterschied zwischen beyden Häusern so groß nicht mehr seyn.

Die herzogliche Armee bestand ehedem aus 14000 Mann. Wenn die übrigen Ausgaben eingeschränkt würden, und die Schulden bezahlt wären, so könnte man diese Anzahl Truppen immerfort auf den Beinen halten. Sie wäre der Bevölkerung und dem Ertrag des Landes ziemlich angemessen. Bey der grossen, oben berührten Veränderung wurde sie aber bis auf ohngefehr 5000 Mann reduziert, und diese scheinen keine von den besten deutschen Truppen zu seyn.

Stuttgard zählt ohngefähr 20000 Einwohner. Seitdem der Herzog wieder hier residirt, nimmt die Bevölkerung von Jahr zu Jahr zu. Während des Streites mit seinen Landständen, wobey Stuttgard den Mund besonders weit aufthat, verlegte er seine Residenz nach Ludwigsburg. Stuttgard fühlte bald, was es dadurch verloren. Die Stadt gab sich alle erdenkliche Mühe, um den Herzog wieder zu gewinnen. Es war alles umsonst. Nach der allgemeinen Aussöhnung zwischen dem Landesherrn und Landesständen ward endlich der Wunsch der Stuttgarder erfüllt.

Die Stadt ist wohl gebaut, und wird von einem schönen und starken Schlag Leuthe bewohnt. Das Frauenzimmer ist groß, schlank und rund.

Brief.

Seine Farbe ist Milch und Blut. Der Reichthum des Erdreichs und die Leichtigkeit, bey Hofe oder vom Lande Unterhaltung zu finden, sind Ursache, daß man hier sehr wohl lebt. Was man bey uns für 12 Personen aufsezt, reicht hier kaum für 6 hin. Dem Stuttgarder ist es daher zu Hause so wohl, daß er in einer Entfernung von 6—8 Meilen das Heimweh bekömmt.

Obschon das Land durchaus protestantisch und nur der Herzog katholisch ist, so herrscht doch noch viel Aberglauben und Bigoterie. Die Geistlichkeit gehört zu den Landständen, hat eine Art von eigner Jurisdiktion, und ist sehr begütert. Sie weiß, was sie bey einer Veränderung zu verlieren hat, und hält daher strenge auf Orthodoxie. Die Sitten sind dadurch nicht gebessert.

Sehr merkwürdig ist die Liebe der Würtemberger zu ihrem Landesvater. Auch zu der Zeit, wo das gröste Talent bey Hofe war, neue Auflagen zu erfinden, hatt' es nichts von dieser Liebe verloren. Der Fluch des Volks fiel auf die, die ihn verdienten, auf den Schwarm der Projekteurs, die den guten Herzog irre führten. Seitdem diese von ihm entfernt sind, ist er der Abgott seiner Unterthanen, und er verdient es zu seyn. Leb wohl.

IV.

Stuttgard den 20. May. 1780.

Auf den verschiedenen Einfällen, die ich in die benachbarten Staaten des schwäbischen Kreises gethan, machte ich bey weitem nicht die reiche Beute, die ich mir versprochen hatte. Ich sah ein Dutzend Reichsstädte, worinn, der republikanischen Verfassung ungeachtet, kein Fünkchen Gefühl von Freyheit und Vaterlandsliebe auszuspüren ist; die im Gedränge ihrer mächtigeren Nachbarn alle Empfindung von dem Werth der Unabhängigkeit verloren haben; deren Bürger sich ausser ihren Ringmauern schämen ihr Vaterland zu nennen, zu Haus aber die Staatsverfassung des alten Roms in der elendesten Farce vorstellen, und im Ton dieser ehemaligen Weltherrscher auf ihre öffentlichen Gebäude, oder auch wohl gar in ihre Rathsverordnungen schreiben: Senatus Populusque Hallensis, Bopfingensis, Nördlingensis etc. So oft ich das Populus erblickte, fiel mir ein, was einer unserer Landsleuthe sagte, als von einer Nation die Rede war, die zu Paris die Schuhe putzt: Ce n'est pas une Nation; c'est une f...e race.

Brief.

Noch im fünfzehnten Jahrhundert spielten die schwäbischen Reichsstädte eine andre Rolle. Sie hatten unter sich, wie auch mit vielen rheinischen und fränkischen Städten einen Bund, der oft die benachbarten Fürsten zittern machte, und den Kaiser selbst in Verlegenheit sezte, aber eben deßwegen von Karl V. getrennt warb. Seit dem Ursprung des hanseatischen Sistems war alles Geld aus dem Lande umher in die Städte geflossen. Sie waren der ausschließliche Siz der Industrie, und diese machte sie zu grossen Unternehmungen aufgelegt. Ihr Geld machte die benachbarten Fürsten und Herren, von denen damals ein guter Theil vom Strassenraub lebte, auf eine gewisse Art von ihnen abhängig. Hätte ihnen der kaufmännische Geist, der sie beherrschte, erlaubt, mehr Werth auf Besitzungen grosser Ländereyen zu setzen, so könnten sie jezt noch etwas von ihrem ehemaligen Glanz behaupten. Mit ihrer damaligen Macht hätten sie viel erobern und mit ihrem Reichthum viel erkaufen können.

Nun ist alle Hofnung verschwunden, daß sie sich jemals wieder bedeutend machen könnten. Seitdem die Fürsten den Werth der Industrie kennen, und ihr in ihren Ländern freyen Schwung gestatten, hat sie sich nach und nach aus den schwarzen Mauern der Städte, worinn ihr das Zunftsistem, die kleinlechte Politick und die Eifersucht ihrer Mitbürger ohnehin viele Fesseln anlegten, unter den Schutz derselben geflüchtet. Es ist so weit mit ihnen gekommen, daß viele derselben noch ihr kleines Gebiete werden verkaufen müssen, um ihre Schulden bezalen zu können. In diesem Fall befindet sich unter andern die Stadt Ulm, die mächtigste nach Augsspurg im Schwabenlande — Ich hab dir also von den Reichsstädten, die mir zu Gesicht gekommen, nichts merkwürdiges zu sagen, als daß Heilbronn eine sehr reizende Lage, und Halle Salzsiedereyen hat, die jährlich ohngefehr 300000 Gulden reinen Gewinn abwerfen.

Nebst diesen Städten durchlief ich in sehr kurzer Zeit auch ein Dutzend Fürstenthümer, Grafschaften, Prälaturen u. dgl. m;* mit deren Namen ich dich nicht schikaniren will. Fast alles

---

* In der Gegend von Schwaben, die der Herr Verfasser bis hieher gesehen, wüßt' ich eben die Fürstenthümer und Prälaturen nicht dutzendweise aufzutreiben. Doch man muß ihm den Franzosen zu gut halten, ob er es schon weniger als viele andre seiner Landsleuthe ist, welche Bemerkung für viele andre Stellen, wo man die ** ersparen will, gelten soll. D. H.

Land besteht aus waldigten Bergen und Hügeln und fruchtbaren Thälern, die sehr gut angebaut sind. Diese starke Bevölkerung bey so wenig günstigen Umständen, bey den Erpressungen kleiner Herren, die ihre Mätressen, ihre Jagdhunde, französischen Köche und wohl auch ein englisches Pferd haben müssen, bey dem Gezerre mit den Nachbarn, welches durch die verwirrte Verfassung des Reichs ins Unendliche gezogen wird, bey den geringen Vortheilen, die ein kleiner Staat seinen Einwohnern gewähren kann, bey dem immer anhaltenden Geldverlust, indem der kleine Herr seinen Luxus gröstentheils mit fremden Waaren befriedigen muß; in Betracht alles dessen ward mir diese Bevölkerung eine Art von Wunder.

Alles, was Religion, Sitten, Anhänglichkeit an das Väterliche, Temperament und Nahrungsmittel dazu beytragen mögen, kann den obigen Gegengründen nicht das Gleichgewicht halten. Folgende Betrachtungen schienen mir endlich das Räthsel aufzulösen.

Das Eigenthumsrecht, welches die meisten Bauern in diesen Gegenden zu geniessen haben, würde diese Staaten, die fast bloß vom Ackerbau bestehn, von ihrem Untergang in die Länge nicht retten können; denn die erstaunliche

Fruchtbarkeit der hiesigen Weiber müßte mit der Zeit so viele Theilungen der Güter veranlassen, daß den Erben endlich kaum Raum genug übrig bliebe, ihre Bette zu stellen. Ich glaube also, daß eine mäßige Auswanderung eine grosse Wohlthat für diese Staaten ist. Unter allen deutschen Völkern wandern die Schwaben am häufigsten aus ihrem Vaterlande, und doch bleibt es immer Eines der bevölkertesten Länder. Die Auswanderer sind gröstentheils der Auswurf dieser kleinen Horden; liederliches Gesindel, das sein übriges Eigenthum an einen bessern Wirth um das Reisegeld ins Schlaraffenland überläßt, worinn sie hoffen, ihrer Liederlichkeit besser nachhängen zu können. Der andere Theil derselben besteht aus jungen Bauernsöhnen, die als Handwerker ihr Brod in der Fremde suchen, und wenn sie es gefunden haben, ihre Theilchen am väterlichen Erbe um ein geringes dem ältern Bruder verkaufen, oder durch ihren Tod ihn in den Besitz des Ganzen setzen. Dadurch behalten die Güter immer eine gewisse Verhältnismäsige Grösse, die zur Erhaltung eines kleinen Bauernstaates unumgänglich nothwendig ist, dem es eben so nachtheilig ist, wenn die Besitzungen zu groß sind, welches aber in dem Theil von Schwaben, den ich bisher gesehen, der Fall nicht ist.

Mit diesen kleinen Völkerschaften verhält es sich ganz anderst, als mit grossen Staaten. Die Eingeschränktheit des innern Luxus gestattet hier nicht die unzähligen Arten von Beschäftigungen und Erwerbungsmittel, die in einem grossen Staat die Menschen ins Unendliche vervielfachen lassen. Die Kanäle, wodurch das Geld hier umläuft, sind zu einfach, und die Natur und die Umstände müssen sehr günstig seyn, wenn in einigen dieser Ländchen Manufakturen gedeihen sollen. Die innere Konsumtion ist zu gering; der Absatz in die meisten benachbarten grössern Staaten durch Auflagen auf fremde Waaren erschwert, und die Industrie findet in diesen durch den Schutz mächtigerer Fürsten, durch die stärkere Konsumtion und in der Mannichfaltigkeit der ersten Materien, welche ihr diese grössere Länder liefern, ungleich mehr Vortheile — Das eigentliche Leben dieser kleinen Staaten ist also bloß der Ackerbau, dessen Zustand ich in Schwaben bewundern muß. Ich behaupte hiemit keineswegs, daß dieß Land so volkreich es auch ist, in seinem bestmöglichen Zustand sey. Es fehlt in Betracht seines natürlichen Reichthums noch viel daran. Ich erkläre dir nur, wie es bey so geringer Aufmunterung das seyn kann, was es ist.

Das meiste zu diesem Anbau und zu dieser Bevölkerung des Landes trägt die Handhabung der Gerechtigkeit und eines gewissen Grades von Polizey bey, die auch in den kleinsten Ländchen und Städtchen, die ich sah, meine Erwartung weit übertraf. Ich bleibe dabey, so sehr man auch in diesem philosophischen Jahrhundert dagegen schreyt, daß die berüchtigten Prozeßformalitäten im Ganzen mehr Gutes als Böses thun. Es ist wahr, der deutsche Prozeß hat beym ersten Anblick eine förchterliche, gothische Gestalt. Er ist mit so vielen Formeln überladen, daß man kaum eine Grundidee davon erkennen kann. Diese machen ihn äusserst schwerfällig, träge, kostbar zu unterhalten u. s. w. Sie öfnen der Schikane den Weg, und füttern eine Menge Advokaten und Prokuratoren, denen es daran gelegen seyn muß, das ganze Land im Streit zu sehn. Allein dagegen binden sie den Richter wie die Partheyen an eine gewisse kalte Ordnung, die der täuschenden Redekunst, den willkürlichen Eingriffen, den gewaltthätigen Leidenschaften und den augenbliflichen Launen wenig Zugang gestattet. Durch diesen Zwang werden Richter und Partheyen in eine gewisse

Gleichheit gesezt, fühlen sich abhängig, und können deswegen ihr eigenes Selbst nicht so leicht geltend machen, als bey unserer einfacheren und dem Anschein nach philosophischeren Gerichtsform. Realisire man uns nur die Ideale von guten Richtern, die uns die hochweise Herren vordeklamiren. Gebe man uns die Sokraten zu Dutzenden her, die Kopf und Herz, guten Willen und Thätigkeit, Uebung und Wärme, Enthaltsamkeit und eine immer gleiche Anstrengung besitzen, und wir wollen ihnen von Herzen gerne die Richterstüle einräumen und alle lästige Formalitäten wegschaffen. Aber so lange diese Halbgötter auf unserer Erde selten bleiben, so lange die Philosophie mehr eine Sache des Kopfs als des Herzens ist, und so lange die Eigenliebe der Tyrannen selbst eine philosophische Schminke geben und das Gewissen durch Trugschlüsse betäuben kann, sollten wir uns keine andere Richter wünschen, als deren Eigenmächtigkeit so viel als möglich eingeschränkt ist, und die nicht für jeden einzeln Fall Gesetzgeber, sondern nur nach einer gewissen Form Ausleger der Gesetze sind.

Uebrigens kann die deutsche Gerichtsform viel von ihrer schreklichen Rüstung verlieren, ohne eben diesen Zwek zu verfehlen: aber ich kann unmöglich meine Stimme dazu geben, daß, wie viele wollen, alle Streitigkeiten, wie der gordische Knoten aufgelöset werden sollen. Verschiedene deutsche Fürsten haben sich als Philosophen zeigen wollen, und Hand an diese Formalitäten gelegt. Wenn es doch leichter wäre, den goldnen Mittelweg zu treffen!

In diesen kleinen Staaten hört man wenig von Unterdrückungen einzelner Personen. Man hat sogar häufige Beyspiele, daß diese kleine Herren von ihrem eignen Rath in Privatstreitigkeiten nach aller Rechtsform verfällt werden. Die Despotie dieser Souveränchen spielt mehr auf das Ganze, und die Last wird also durch die Vertheilung leichter. Eine gewisse Redlichkeit, deren Gefühl bey einzeln offenbaren Gewaltthätigkeiten erwacht, ist immer noch Sitte unter ihnen. Nur im Punkt der Jagdgerechtigkeit pflegen sie öfters auszuschweifen und der Menschlichkeit zu nahe zu tretten. Uebrigens begnügen sie sich, wenn sie und ihre Pferde und Hunde wohl gefüttert werden. Der deutsche, jovialische Humor, der sie beherrscht, sichert die Unterthanen der meisten dieser Herren gegen die stürmische, ausgelassene und gränzenlose Gewaltthätigkeiten, die unter einem andern Himmel, z. B. in Spanien, Italien,

Frankreich u. a. bey einer ähnlichen Staatsverfassung nothwendig erfolgen müßten. Auch sucht der jetzige Kayser sein Recht mehr geltend zu machen, als seine Vorfahrer. Die Fürsten, welche nicht mächtig genug sind, der Exekution zu trotzen, dürfen ihre Unterthanen nicht auf das äusserste treiben. Vor wenig Jahren wurde den Unterthanen eines schwäbischen Fürsten, der sie aus ihren Besitzungen vertreiben und dieselbe seinen Hirschen und Schweinen einräumen wollte, von Wien aus Hülfe verschaft.

Das Kriminalgericht könnte in diesen Gegenden vor allem einige Veränderungen leiden. Man foltert noch, und köpft und hängt und rädert und spießt wohl auch noch pünktlich nach der Karolina. Es ist auch noch nicht gar lange her, daß man Hexen verbrannte. Aber dazu kömmt es jetzt eben nicht mehr.

Lebe wohl.

Fünfter V.

Augspurg ─

Zur Strafe für deine fast unverzeihliche Trägheit im Briefeschreiben ließ ich dich so lange auf Einen von mir warten. Da du dich aber in dem Briefchen, das ich gestern erhielt, reumüthig zeigest, und Nannette für dich im Postskript um Verzeihung bittet, so will ich es dir so hingehn lassen, und mein Taschenbuch wieder zu Handen nehmen.

Von Stuttgard aus that ich mit einem guten Freund, einem jungen Herrn von Stande, einen Einfall tief in den Schwarzwald. Die Bewohner des würtenbergischen Antheils sind lange nicht so schön, wohlgebaut und munter, als die am Neker und den angränzenden Thälern. Die Männer sind plump, und die Weiber gelb, ungestaltet und gemeiniglich schon in den dreißiger Jahren runzelig. Sie unterscheiden sich auch von ihren übrigen Landsleuthen durch einen abscheulichen Geschmak sich zu kleiden und einen auffallenden Mangel an Reinlichkeit. Kalb ist die beste Stadt in dieser Gegend, Sie hat ansehnliche Manufakturen, und ihre Bürger äusserten bey den berüchtigten Streitigkeiten der Landesstände mit dem Herzog ungemein viel Muth, Freyheitsliebe und Anhänglichkeit an ihre Verfassung.

Ich konnte die Ursache der Häßlichkeit dieser Leuthe nicht ausfindig machen. Härte der Arbeit und schlechte Nahrung mögen etwas dazu beytragen; aber sie sind nicht die einzige Ursache, denn im fürstenbergischen und besonders im östreichischen Antheil dieses ungeheuern Gebirges sahen wir die schönsten Leuthe, ob sie gleich die harte Arbeit und die Nahrungsmittel mit den Würtembergern gemein haben. Vielleicht ist die Richtung und Tiefe der Thäler und also die Luft oder vielleicht das Wasser daran Schuld. Es kann auch am Schlag der Menschen selbst liegen.

Diese Bergreise hatte ungemein viel Vergnügen für mich. Es war mir wie in einer Feenwelt. Eine zauberische Aussicht übertraf immer die andere an Mannichfaltigkeit und Schönheit. Seltsame Gestalten und Verketungen der Berge, Wasserfälle, Parthieen Waldung, kleine Seen in tiefen Schlünden, Abstürze, kurz alles ist in so grossem Stil, daß ich es nicht wage ihn in einem Brief zu kopiren.

Fünfter

Ich rastete einige Tage bey meinem Freund zu Stuttgard aus, und machte mich sobann auf den Weg nach dem Bodensee, wornach sich mein Auge sehnte. Ich kam über eine andre Bergkette, die Schwabenland von Ostnorden nach Westsüden in der Mitte durchschneidet und die Alp genennt wird. Sie strekt sich noch von der schwäbischen Gränze an zwischen Bayern und Franken bis an den Fichtelberg hin und hängt mit dem böhmischen Gebirge zusammen. — Das merkwürdigste auf dieser Reise war mir das Stammhaus der Könige von Preussen.

Wer sollte glauben, daß Friederich der Grosse, welcher gegen die vereinte Macht der mächtigsten europäischen Häuser stand, und das Gleichgewicht in Norden hält, der Abkömmling eines jüngern Astes des hohenzollerischen Stammes ist, des kleinsten fürstlichen Hauses in Deutschland, dessen zween noch lebende Aeste, Hechingen und Siegmaringen zusammen keine 70000 Gulden Einkünfte haben! — Der jüngere Bruder eines unserer Marquis ließ sich das von einem Preussen erklären, schlug einen Schneller mit den Fingern und erwiederte: Voilà un Cadet qui a fait fortune! (Dieser jüngere Sohn hat mir ein Glück gemacht!)

Brief.

Wir kamen quer durch das Fürstenthum Hohenzollern, und die Breite wird wenig über ein paar Stunden betragen. In die Länge soll es gegen 10 Stunden haben, in welchem Umfang aber, den abgerissenen siegmaringen Theil mitbegriffen, nicht über 12000 Menschen wohnen. Das Land ist sehr bergigt und waldigt, und die Fürsten waren von jeher als grosse Jäger bekannt. Die jetztregierenden Herren sind, wie man mir sagte, sehr liebenswürdige Männer, und suchen beym König von Preussen das Andenken ihres gemeinschaftlichen Ursprungs zu erneuern, wie denn auch kürzlich ein Graf von Hohenzollern zum Bischof von Ermeland, wenn ich nicht irre, ist ernennt worden.

Wir besahen das Schloß Hechingen, das auf seinem hohen Berg eine unbegränzte Aussicht in das Würtembergische und andre benachbarte Länder beherrscht. Einer der ehemaligen Regenten dieses kleinen Ländchens stand mit seinem Gefolge auf der Terrasse des Schlosses, und weidete seine Augen in der weiten und schönen Gegend umher. Er nikte dann mit dem Kopf und sagte: Das Würtemberger Ländchen stünde unserm Land wahrhaftig sehr wohl an — Wenn auch die Anekdote nicht wahr seyn sollte, so ist wenigstens der Einfall nicht übel; denn das Ländchen Würtemberg ist wenigstens 30 mal so groß, als das Land Hohenzollern.

Beym Anblick des Bodensees war ich würklich entzückt. Ich will keine dichterische Beschreibung dieses herrlichen Anblicks versuchen. Das hiesse, das grösste mannichfaltige und lebhafteste Gemählde dir mit einem Gesudel von Kohlen vorzeichnen wollen. Ich will dir nur meine philosophischen und politischen Beobachtungen über die Gegend und die Bewohner derselben mittheilen; denn was meine Gefühle betrift, so weißt du, daß ich in Beschreibung derselben sehr unglüklich bin.

Auffallend ist vor allen, daß an diesem grossen Gewässer, welches auf eine beträchtliche Strefe die Gränzscheidung zwischen Deutschland und der Schweitz ist, keine einzige Stadt von Bedeutung liegt. Kostanz, die beträchtlichste an den Ufern desselben, zählt kaum 6000 Einwohner*. Sie hat weder eine erhebliche Handlung, noch die geringste Manufaktur. Da Schaffhausen, St. Gallen, Zürich und einige andere

---

* Wenigstens 5000, und also doch um ein Beträchtliches mehr, als Koxe in seiner Schweitzerreise angiebt, um auf Kosten dieser Stadt einige in der Nachbarschaft derselben im Vergleich grösser zu machen. D. U.

nicht weit entlegene Städte, welche die vortheilhafte Lage nicht haben, sehr blühende Handelsstädte sind. Augenscheinlich ist der Schwabe überhaupt lebhafter und reger von Natur, als der Schweitzer in den ängränzenden Gegenden, und was das Landvolk betrift, so bemerkt man sowohl in Rücksicht auf Sittlichkeit, als auf Fleiß einen auffallenden Unterscheid zum Vortheil des erstern, da sich hingegen die helvetischen Städte eben so stark zu ihrem Vortheil vor den schwäbischen in ihrer Nachbarschaft auszeichnen.

In Kostanz wird man stark versucht, den Mangel an Kunstfleiß, die Vernachläßigung der Vortheile, welche die Natur darbiethet, und die herrschende Liederlichkeit der Religion zur Last zu legen. Schon im Elsaß und in dem Untern Schwaben fand ich unter den Protestanten mehr Gewerbgeist, als unter den Katholiken. Die Feyertäge, das häufige Kirchengehn, das Wallfahrten, die Möncherey u. dgl. m. tragen viel, und noch viel mehr die übertriebene Lehren von Verachtung zeitlicher Dinge, und von Erwartung einer Wunderthätigen Unterhaltung von Gott, die Leichtigkeit, in Klöstern und der Kirche Versorgung zu finden, und die Eingeschränktheit der Begriffe, die man zum Behuf seines Glaubens bey einem Katholicken im Vergleich mit dem Protestanten voraussetzen muß, dazu bey. Unter dem grossen Haufen der Bauern beyder hier zusammengränzender Völker gleicht sich das durch die natürliche Schwerfälligkeit und Wildheit auf des reformirten Schweitzers, worüber ich dir mit der Zeit in meinen Briefen über die Schweiz Erläuterung geben werde, ziemlich zum Vortheil des Schwaben ab. Aber in den Städten machen die mehrern Kirchen und Klöster nebst obigen Ursachen auf Seite der Katholicken und die grosse Aufklärung auf Seite der reformirten Schweitzer einigen Unterscheid, welcher aber noch ausser der Religion durch eine Menge andrer Ursachen unendlich vergrössert wird.

In Frankreich, in den östreichischen Niederlanden und verschiedenen italiänischen Staaten sieht man offenbar, daß die Religion an und für sich selbst dem politischen Leben eines Volkes eben nicht sehr gefährlich ist, und daß sich Industrie und Aufklärung mit einer starken Dosis Aberglauben und Möncherey so gewiß vertragen können, als der Ritter aus der Mancha ausser dem Kreiß seiner Donquixotterie ein kluger und brauchbarer Mann seyn konnte. Die Religion ist also hier nicht so sehr die wirkende, als vielmehr die gelegenheitliche Ursache, und es

hängt

hängt von den Lokalumständen ab, warum der deutsche Katholick nicht so aufgelegt zur Industrie ist als z. B. der Franzose oder Genueser.

Der Erziehungsart hat man das meiste zuzuschreiben. Du würdest staunen, wenn du den Unterschied zwischen der Erziehung der Jugend in den protestantischen Städten Deutschlands und den katholischen, oder auch zwischen diesen und den unsrigen sehen solltest. Ich brauche dir hierüber nichts zu sagen, als daß die Jesuiten, denen wir in Frankreich so viel zu danken haben, und die unsre Patrioten wieder in die Schulen zurück wünschen, in Deutschland ausgemachte Idioten waren, rüstige Verfechter der Barbarey, die sich eben so sehr beeiferten, allen Schwung des Geistes zu unterdrücken, als die unsrige das Genie zu entwickeln suchten.

Ein anderes Hinderniß für den Kunstfleiß in diesen Gegenden ist der dumme lächerliche Stolz des Adels. Während daß die Kaufleuthe und Fabrikanten, in den benachbarten Städten Helvetiens Regenten sind, blickt der Domherr in Kostanz mit Verachtung auf den Bürger herab, der sein Vermögen nicht seiner zweifelhaften Geburt, sondern seinem Verstand und Fleiß zu verbanken hat, und bläht sich mit dem

D

Register seiner 16 stiftmäßigen Ahnen, welches er beym Antritt seiner Pfründe beweisen muß, ohne zu bedenken, daß er vielleicht von einem Laquayen, Jäger oder Stallknecht in die Familie untergeschoben worden. Auf den Bürger macht das einen sehr schädlichen Eindruck. Anstatt sein Kapital durch seinen Fleiß zu vergrösern, kauft er sich Titel oder Güter, sucht dem Herrn Baron ähnlich zu werden, und verhöhnt dann mit noch viel erbärmlicherem Stolz seine Mitbürger.

Nebstdem trägt die sparsame und fast kärgliche Lebensart des Schweitzer Bürgers sehr viel zur Aufnahme seiner Manufakturen bey. Das alltägliche Essen eines etwas bemittelten Einwohners von Kostanz wäre für Einen von St. Gallen ein festlicher Schmaus. Aber freylich ist das zugleich auch die Ursache, warum der Schwabe einen bessern Humor hat als der Schweitzer.

Uebrigens scheint Kostanz wegen seiner Entlegenheit vom Hof zu Wien vernachläßigt zu werden. Es sollen sich schon einige Schweitzer anerbothen haben, Fabricken daselbst anzulegen. Ich weiß nicht, ob die Intoleranz des Hofes, oder des Stadtrathes, welcher immer noch etwas von seinem ehemaligen reichsstädtischen

Ansehen zu behaupten sucht, oder der obbemeldte Adelstolz der Stein des Anstosses ware, woran diese Projekte scheiterten.

Der Bischof residirt zu Mörsburg, einem kleinen Städtchen an dem entgegengesetzten Ufer des Sees, und hat ohngefähr 70000 Gulden Einkünfte. Er besitzt sehr ansehnliche Güter auf helvetischem Boden. Die übrigen nennenswürdigen Orte auf der deutschen Seite sind: Ueberlingen und Lindau, worinn man die Spießbürgerey im grösten Glanz sieht.

Die helvetische Küste dieses kleinen Meeres ist scheinbarer, als die deutsche. Die schöne Mischung der nahgelegenen, zum Theil mit Weinstöcken bepflanzten Hügel, die zerstreute Lage der Bauernhöfe mit ihren vielen Fruchtbäumen umher, und die kleinen Parthieen von all den vielen Arten des Feldbaues geben derselben ein um so lebhafteres Ansehen, da die schwäbischen Dörfer enge, wie die Städte zusammen gebaut sind, und oft ein grosses Getraidefeld oder weitläufige Wiesengründe um sich her beherrschen. Im ganzen, glaube ich sind beyde Ufer nach dem Verhältniß gleich stark bewohnt. Das helvetische ist steinigter und von schwererem Boden, als das Deutsche, und obschon das Thurgäu unter die besten Gegenden der Schweiz gehört, so muß es doch einen guten Theil seines ersten Bedürfnisses, des nöthigen Getraides, aus Schwaben beziehn, wogegen es etwas Wein und Obst vertauscht.

In Holland denkt man wohl wenig daran, was man dem Bodensee zu danken hat. Kaum kann man jezt sich daselbst des Sandes erwehren, welcher durch die Aar und verschiedene andere Flüsse aus den Alpen in den Rhein geschwemmt wird, die Mündungen dieses Stroms zu verstopfen droht, und durch die grossen Bänke, die er schon weit über seinem Ausfluß ansezt, in diesem tiefen Lande mit der Zeit gewaltsame Revolutionen erwarten läßt. Wenn nicht in diesem ungeheuern Behältnis die ungleich grössere Menge des Sandes aufgefangen würde, welche durch den reissenden Rheinstrom aus dem hohen Bündtnerlande herabgespühlt wird, so läge jezt schon Holland unter neuem Sand begraben, und die gehemmte Ausflüsse des Rheines hätten dem Lande schon lange eine ganz andere Gestalt gegeben. Es ist wahr, diese Veränderung muß ohnehin mit der Zeit nothwendig erfolgen. So beträchtlich auch die Tiefe dieses Sees ist: denn an einigen Orten beträgt sie 300 Klafter, so muß er doch endlich und um so eher ausgefüllt werden, da der Strom von seinem

Ausfluß bey Kostanz an durch die höheren Gegenden Deutschlandes immer sein Bette tiefer grabt, und der See eben so viel Wasser verliert, als er Sand gewinnt. Aber wenn man bedenkt, was ein so grosser Umfang, wie der des Sees fassen kann, wenn man seinen Innhalt, wie de la Torre jenen des Vesuvs, berechnet, so haben sich die Holländer noch freylich viele Generationen zu trösten; und wenn der jüngste Tag so schnell kömmt, als er von den erleuchtesten unserer Theologen angekündigt wird, so ist diese Berechnung vollends überflüßig.

Ich konnte diese Gegenden unmöglich verlassen, ohne den berühmten Rheinfall bey Laufen zu besuchen. Es war das schönste Schauspiel, das ich in meinem Leben gesehen. Da mir zuvor kein Gemählde und kein Kupfer von diesem prächtigen Auftritt der Natur zu Gesicht gekommen, und ich ihn blos aus einem dunkeln Ruf kannte, so geschah mir, was vermuthlich allen geschieht, die nicht einen etwas bestimmtern Begriff davon mitbringen. Meine Einbildung hatte mich getäuscht. Ich dachte mir die wildeste Gegend wo der Rhein vom Himmel herab in einen unermeßlichen Schlund stürzte. In dem Abstand zwischen der Wirklichkeit und meiner Idee war die Ueberraschung um so an=

genehmer, da es hier wie mit allen wirklich grossen Natur- und Kunstwerken ist, deren wahre Grösse und Schönheit nicht beym ersten Anblick auffällt, sondern erst durch genaue Beobachtung und Vergleichung der Theile muß gefühlt werden. Ich fand den Fall lange nicht so hoch, aber viel schöner, als ich mir ihn gedacht hatte. Das Amphitheatralische der mit Bäumen besezten Hügel drüber her, die 2 Felsen, auf deren Einem das Schloß Laufen, auf dem andern aber ein Dorf und vor demselben eine Mühle liegt, und die wie die Säulen einer Vorderbühne dem Fall selbst zur Seite stehn, die Breite des Falles und die schöne Vertheilung des mannichfaltig herabstürzenden Wassers, das herrliche Baßin unter dem Fall, die schöne und fast gekünstelte Mischung des Wilden mit dem Angebauten in der Gegend umher, kurz alles war anders und schöner, als ich erwartete.

Der Fall beträgt jezt höchstens 50 Schuhe, die kleinen Abhänge mit gerechnet, die der Strom kurz vor seinem Hauptsturz zur Vorbereitung macht, und die man nur von der Höhe herab sehen kann. Ehedem war er zuverläßig höher, und noch bey Mannsgedenken ist ein Stück des Felsen weggerissen worden, welcher dem Sturz mitten im Weg steht. Ich glaube an dem Fels, worauf das Schloß Laufen steht, beobachtet zu haben, wie der Strom stufenweis in die Tiefe gegraben. Es folgt also daraus, daß, wie ich dir oben sagte, der Bodensee immer nach dem Verhältniß schwinden muß, wie der Rhein sein Bette tiefer aufwühlt. Bey Lindau sah ich auch auf meiner Reise hieher offenbar neues Land. Er hat das mit allen hochgelegenen Seen gemein, und am Neuffchatelersee soll diese Abnahme unter den helvetischen Gewässern am merklichsten seyn.

Noch muß ich dich, ehe ich von Kostanz abgehe, eines Mannes erinnern, der vor einigen Jahren, in den Zeitungen so viel Lärmen machte. In dieser Gegend fieng der berüchtigte Gasner, welcher in kurzer Zeit einige Millionen Teufel austrieb und einige hundert Gläubige heilte, sein Spiel an. Der Bischof von Kostanz verbath sich solche Wunder in seinem Sprengel, und nun flüchtete sich der Mann unter den Schutz des Prälaten von Salmansweiler, der sich immer mit schwerem Gelde die Exemtion von der bischöflichen Gewalt vom Pabst erkauft. Aus Eifersucht auf den Herrn Bischof nahm der Prälat die Parthey des Flüchtlings mit aller Hitze, und nun war sein Glück durch seine Verfolgung gemacht. Der Oekonom der Prälatur fournirte ihm einige Fässer verdorbenes Oel und ähnliche Sachen, die Gasner zur Heilung der Menschen weihte, und wobey der erstere seine Rechnung fand. Ich theile dir diese Anekdote mit, weil ich sie von guter Hand hab, sie wenig bekannt ist, und ich dir ein neues Beyspiel geben kann, daß Mahommed und alle Propheten seiner Art ihren Ruhm der Hitze ihrer Verfolger und Patronen, die oft mit dem Prophetenthum dieser Männer in gar keiner Verbindung steht, zu verdanken haben. Leb wohl.

VI.

Augspurg ——

Nachdem ich die Gegenden des Bodensees in der Runde besichtigt, trat ich meine Reise von Lindau hieher an, und durch einige verfallene Reichsstädte, die das Reich um Nachlaß ihres Kontingents bitten müssen, und wirklich Dörfer geworden sind. Memmingen nimmt sich unter ihnen sehr aus. Es hat einige Manufakturen, und sieht wirklich einer Stadt et-

Brief.

was ähnlich. Von diesem Städtchen kam mir der Auszug einer Kronik zu handen, der so altweiberisch wie alle Kroniken kleiner Städte lautet, woraus ich dir aber einige Stellen mittheilen muß, weil sie den Karakter des Volks schildern.

Im Jahr 1448 gieng in den Schenken der Stadt der Wein aus. Der Rath schikte eine feyerliche Deputation an den Neker, um dieß bringende Bedürfniß seinen Unterthanen zu verschaffen. Als die Wagen Wein im Anzug waren, gieng ihnen die Bürgerschaft in einer Prozeßion mit klingendem Spiel und fliegenden Fahnen entgegen, und es wurde ein öffentliches Freudenfeuer angestellt ... Im Jahr 1449. entstand am St. Gallentage in der Martinskirche wegen den Bethstühlen eine Uneinigkeit unter den Weibern, die in der Kirche selbst eine grosse Schlägerey unter denselben veranlaßte. Die Geistlichkeit meinte, man müsse nun die entheiligte Kirche von neuem einweihen; aber der Rath wiedersezte sich mit allem Nachdruk: weil es nur Weiber gewesen wären ... Beyde Schilderungen haben noch ihren Werth; denn der Schwabe hat noch die nämliche Verehrung für den Wein, und die nämliche Superiorität über sein Weib.

Nebst diesen kam ich durch unzälige Graf- und Herrschaften, worunter die Güter der Grafen Truchseße und Fugger die beträchtlichsten sind, und wohl Fürstenthümer seyn könnten, wenn sie nicht unter so viele Nebenäste der Familie zertheilt wären.

Der ganze Strich vom Bodensee hieher ist lange nicht so schön gebaut, als der untere Theil des Schwabenlandes. Auch in der sittlichen Kultur ist er weit unter diesem. In der Bildung der Menschen ist der Unterschied auffallend. Die Einwohner dieser Gegend haben so viel eckigtes und schiefes in ihren Gebehrden, daß es einem eckelt. Die Natur hat aber selbst auch viel weniger für sie gethan, als für ihre Nachbarn. Der ganze Strich ist eine Ebene, die nur von einer Reihe waldigter Hügel zwischen Lindau und Leutkirchen unterbrochen wird, und das Land ist also bloß zum Ackerbau bequem, dahingegen im Unterschwaben das Gemische der Berge, Hügel und Thäler zu einer mannichfaltigern Kultur Anlaß giebt.

Was vollends zum Verderben dieser Gegend gereicht, ist die Zerstückung in so viele, gar zu kleine Herrschaften, und daß mehrere Besitzer derselben an grossen Höfen leben, und also das Geld aus dem Lande ziehn. Man hat nicht nöthig zu fragen, ob der Herr des Gutes an Ort und Stelle residirt. Man sieht es augenscheinlich auf den Gesichtern der Unterthanen und der Verwilderung des Landes. Während daß der Herr am Hofe mit der Beute seiner Unterthanen glänzt, sind diese den Bedrukungen raubgieriger Beamten unterworfen, die gemeiniglich in wenigen Jahren so viel zusammen zu bringen wissen, daß sie freywillig abdanken und dann selbst Herren spielen können.

Wenn nicht so ungeheure Verschwendung und so lächerliche Titelsucht unter dem grossen deutschen Adel Mode wäre, wenn er mehr Geschmak an Wissenschaften und Künsten hätte, wenn er ein bessers Vergnügen, als das an Pferden, prächtigen Wagen, vielen Bedienten u. dgl. kennte, wenn er etwas mehr, als einen steifen Rücken, gezwungene Stellung der Füsse, eine gute Art sein Geld zu verspielen, das elendeste Jargon und gewisse Krankheiten aus Frankreich zu holen wüßte, so könnte er die glücklichste Klasse von Erdensöhnen seyn. Fast ganz unabhängig, wie er ist, könnte er im weitesten Verstande der Schöpfer des Glückes seiner Unterthanen und von ihnen angebethet werden. Aber dafür scheint der grosse Haufen der

Barons * kein Gefühl zu haben. Die Natur rächt es. Durch ihre dumme Verschwendung an den Höfen werden ihre Güter verschuldet und die Quellen versiegen nach und nach.

Das berühmte Augspurg ist das lange nicht mehr, was es war. Es giebt hier nun keine Fugger und Welser mehr, die den Kaysern Millionen vorschiessen können. In dieser grossen und schönen Stadt, die unter den deutschen Handelsstädten in der ersten Reihe steht, sind nicht über 6 Häuser zu finden, die über 200000, und keine 15 die 100000 Gulden Vermögen hätten. Der grosse Schwarm der Kaufleuthe, wovon ein guter Theil Karossen haben muß, schlept sich mit einem Kapitälchen von 30 bis 40000 Gulden herum, macht den Krämer, Mäkler und Kommißär, und die nun einmahl gängige Gewerbart macht ihn zur Anlegung von Fabricken zu träge. Einige wenige Häuser thun etwas in Wechselgeschäften, und der Weg durch Tyrol und Graubündten veranlaßt hier einigen Gegenhandel zwischen Italien und Deutschland.

---

* Man braucht wohl nicht anzumerken, daß zu Paris jeder Deutsche Kavalier, wenn er auch Graf ist, Baron heißt. D. U.

Brief.

Nach diesen Krämern und Mäklern sind die Kupferstecher, Bilderschnitzer und Maler der ansehnlichste Theil der beschäftigten Einwohner. Ihre Produkten aber sind der Pendant zur Nürnberger Quinquallerie. Es gab immer einige Leuthe von Talent unter ihnen; da sie aber bey den kleinen Versuchen für die Kunst nie ihre Rechnung fanden, so mußten sie bey den Kapuziner-Arbeiten bleiben, um nicht zu verhungern. Sie versehen fast das ganze katholische Deutschland mit Bilderchen für die Gebethbücher und zur Auszierung der Bürgerhäuser. Für die Kunst ist der hiesige Himmel sehr ungünstig. Der Baron füttert lieber Pferde und Hunde und einen Schwarm Bedienten, deren Narr er gemeiniglich ist, als Künstler, und wenn er auf Geheiß der Mode der Kunst ein Opfer bringen muß, so hat er keinen Glauben an das Talent seiner Landsleuthe. Da er selten selbst Geschmak und Einsichten hat, so folgt er gewöhnlich in seiner Wahl dem blinden Ruf fremder Künstler, und läßt das Verdienst in seinem Vaterlande darben. Es scheint in andern Gegenden Deutschlands hierinn nicht viel besser zu seyn; denn Mengs, Winkelmann, Gluck, Hasse, Händel und viele andre mußten erst von Ausländern in Ruf gebracht werden, ehe man in Deutschland ihre Verdienste anerkannte.

Es hat sich zwar unter dem Schuz des Magistrates hier eine Künstlerakademie zusammengethan, die aber, so wie ihre Patronen, keinen höhern Zwek zu haben scheint, als unter dem Namen von Künstlern gute Handwerksleuthe zu bilden, und die Manufakturen der Stadt im Gang zu erhalten. Der Rath geht seit einiger Zeit mit vielen ähnlichen Entwürfen zur Beförderung der Industrie schwanger, und wie ich an jeder patriotischen Empfindung Theil nehme, so konnte ich denselben anfangs meinen Beyfall nicht versagen. Aber wie ärgerlich war es mir zu sehen, daß diese Entwürfe zum Theil von den Regenten der Stadt selbst wieder vereitelt werden!

Der Grund dieses widersinnigen Betragens liegt zum Theil in der Regierungsform. Die Patrizier, welche nebst einem Ausschuß der Kaufleuthe die Stadt aristokratisch beherrschen, können es nicht verdauen, daß der Plebejer durch die Mittel, die er sich durch seinen Fleiß erwirbt, das Haupt über sie empor heben soll. Sie hassen und verfolgen den Fleiß in seiner Werkstätte aus einer elenden Eifersucht, und sprechen ihm in der Rathsstube aus einer Art von patriotischer Praleren das Wort. Ein gewisser Schulin, welcher durch eine beträchtliche Kottonfabrik sein Glück gemacht, ist ein trauriges Beyspiel davon. Mit den Millionen, die er sich durch seinen Fleiß erworben, kann er wohl prächtiger leben, als die Patrizier mit leeren Titeln, und deßwegen ist er der unsinnigsten Verfolgung ausgesetzt.

Der Hauptgrund dieser erbärmlichen Politick liegt in der Verderbtheit des Ganzen. Neun Zehntheile der Einwohner sind das infamste Kanaille, das man sich denken kann, das immer bereit ist, sich selbst auf das erste Signal aus Religionshaß zu erwürgen, das den Arbeitslohn einer Woche richtig auf den Sonntag in die Bierschenke trägt, und an die Grösse seiner Vorfahrer nicht eher denkt, als wenn das Bier in seinem Kopfe gährt. — Ich hätte dir schon lange sagen sollen, daß die Regierung gemischt und zur Hälfte katholisch und lutherisch ist. Im Ganzen mögen die Katholiken zahlreicher seyn als die Protestanten — Es ist platterdings unmöglich, alles Lächerliche, was hier der Religionshaß erzeugt, in einer Satyre zu erschöpfen. Täglich hast du einen neuen unerwarteten Auftritt zu erwarten, der dich lachen und fluchen macht. Es kann kein Spinngewebe an einem öffentlichen Gebäude weggeräumt werden, ohne daß sich die Religion ins Spiel mische. Die Katholicken, welche natürlicher weise erhizter sind, als die Protestanten, halten sich einen sogenannten Kontroversprediger, der zu gewissen Zeiten die eine Hälfte von Augspurg lachen und die andere rasen macht. Der, welcher jezt diese Rolle spielt, ist ein Jesuit und der beste Hannswurst, den ich von seiner Art gesehen — Die tiefe Armuth und Liederlichkeit des Pöbels macht ihn gegen die Rechte unempfindlich, die er der ursprünglichen Verfassung gemäß behaupten sollte. Die Aristokraten wären so übermächtig nicht, wenn das Volk mehr Sinn und Gefühl für seine eigentliche Konstitution hätte. Aber die Freyheit der meisten hiesigen Bürger ist so wohlfeil, als die Jungferschaften ihrer Töchter, welche die hiesigen Dohmherren, deren Pfründen ohngefehr 2000 Gulden eintragen, jährlich duzendweis kaufen.

Das übrige Zehntheil der Einwohner besteht aus einigen Patrizier-Familien, unter denen es sehr artige Leuthe giebt, aus einem Duzend Kaufleuthen, einigen Künstlern und der Geistlichkeit. Unter diesen herrscht aber zu viel dumme Verschwendung, welcher auch der Klügere nicht ganz entsagen darf, weil sie allgemeine

Sitte

Sitte ist, und zu viel Privateifersucht, als daß wahre, wirksame Vaterlandsliebe unter ihnen Wurzel fassen könnte. — In dieser Stadt, die allerdings 3 Stunden im Umfang hat, wohnen kaum 40000 Menschen, und das ganze eintragende Kapital derselben beträgt schwerlich über 10 Millionen Gulden. — Ihre Abnahme wird von Jahr zu Jahr merklicher, und wenn ihr nicht sehr günstige Umstände zu Hülfe eilen, so enthält sie im künftigen Jahrhundert nichts als einen Haufen Bettler, deren Regenten in den geraubten und mit Flittergold verbrämten Lumpen ihrer Unterthanen paradiren.

Die Stadt ist wirklich schön, und das Rathhaus eines der schönsten Gebäude, die ich auf der ganzen Reise hieher gesehen. Der Magistrat läßt sich auch die äussere Verschönerung der Stadt, man sollte glauben, um so mehr angelegen seyn, als die innern Kräfte derselben abnehmen. Die Schminke der ausgedienten Buhlschwester täuscht wohl den vorübergehenden Fremden; aber wer sie am Nachttische besucht — — Vor kurzem ließ das Bauamt auf Befehl des Rathes eine Verordnung ergehen, daß die Dachrinnen, welche das Wasser sonst auf die Gassen spritzten, und das Pflaster verdarben, an den Häusern herab sollten geführt werden. Eine Gesellschaft von Kaufleuthen protestirte dagegen, und in ihrer Vorstellung an den Rath wurde gesagt: „die Römer wären eben nicht auf der höchsten Stufe ihrer Grösse gewesen, als der Appische Weg gemacht worden‚‚ — Ich weiß nicht, ob der Konzipient seinen Spaß trieb. Man sagte sonst: Jede Vergleichung hinkt. Neben den Römern sind die Krücken der Augspurger gar zu sichtbar.

Die Stadt bekömmt das Trinkwasser gröstentheils aus dem Lech, welcher in einiger Entfernung vorüberfließt. Das Werk, wodurch das Wasser in der Stadt vertheilt wird, ist wirklich bewundernswürdig. Der bayrische Hof kann dieses unentbehrliche Bedürfniß derselben abschneiden, und sezt sie unter Androhung dieser Katastrophe öfters in Kontribution. Er hat nebstdem noch verschiedene Mittel in Händen, den hohen Rath in einer gewissen Abhängigkeit zu erhalten. Um sich gegen die Unterdrückung dieses Hofes sicher zu setzen, sucht die Stadt den Schutz des Wiener Hofes, und macht sich auf dieser Seite eben so abhängig, als auf der ersten, und die Staatskunst des hochweisen Rathes ist also ein Ball, womit beede Höfe unter sich spielen. — Der kayserliche Minister für den schwäbischen Kreis residirt gemeiniglich hier, und versichert seinem Hof einen immerwährenden Einfluß — Es liegen immerfort auch Oestreicher und Preussen auf Werbung hier, und die Partheylichkeit der Stadtregierung für die erstern ist sehr merklich — Im Krieg von 1756 war die Bürgerschaft für beede Höfe in zwo gleiche Partheyen getheilt. Die Katholicken betrachteten den Kayser, und die Protestanten den König von Preussen als ihren Schutzgott, und bald hätte der Religionshaß hier einen blutigen Bürgerkrieg veranlaßt.

Leb wohl.

VII.

Augspurg ———

Unter allen Kreisen des deutschen Reiches ist der schwäbische am meisten zerstükt. Er zählt nicht mehr als 4 geistliche und 13 weltliche Fürstenthümer, 19 unmittelbare Prälaturen und Abteyen, 26 Graf- und Herrschaften und 31 freye Reichstädte. Die sogenannten Kreisausschreibende Fürsten sind der Bischof von Kostanz und der Herzog von Würtemberg, welcher leztre aber allein das Direktorium der zu verhandelnden Kreissachen hat.

Das Gemische dieser vielen Regierungsarten, der Religionssekten, der Druck der Grössern auf die Kleinern, die Dazwischenkunft des kayserlichen Hofes, welcher viele zerstreute Stücke Landes unabhängig vom Kreise in Schwaben besitzt, und zufolge eines dem Erzherzogthum Oestreich eigenen Privilegiums seine Besitzungen in demselben auf verschiedene Arten erweitern kann; alles das giebt der Wirthschaft des Landes und dem Karakter der Bewohner eine sonderbare Gestalt. In vielen Gegenden sieht man auf einigen Poststationen die höchste Kultur mit der äussersten Verwilderung, einen ziemlichen Grad von Aufklärung und Zucht mit der tiefsten Unwissenheit und Bigoterie, Spuren von Freyheit mit der tiefsten Unterdrückung, Nationalstolz mit Verachtung oder Gleichgültigkeit gegen das Vaterlande, und alle gesellschaftlichen Verhältnisse auf die auffallendeste Art miteinander abstechen.

Offenbar sind die grössern Länder in Schwaben, wie das Würtembergische, Oestreichische und Baadensche am besten gebaut. Das ganze Schwabenland mag in der Grösse beynahe 900 deutsche Quadratmeilen betragen, in welchem

Umfang ohngefehr 2 Millionen Menschen wohnen, von denen über die Hälfte den 3 bemeldten Häusern zugehöret, ob sie schon bey weitem nicht die Hälfte des ganzen Landes besitzen.

Wenn sich die kleinen deutschen Herren vernünftig wüßten einzuschränken, wenn sie nicht grösser scheinen wollten, als sie sind, wenn sie mehr Liebe zu ihren Unterthanen hätten, und nicht so fühllos gegen die sanftern Empfindungen der Menschlichkeit und gegen die Reitze der Musen wären, so könnte die Kleinheit dieser Staaten selbst ihr Glük seyn. Wenn gleich ein kleiner Bauernstaat für manche Bedürfnisse Geld muß ausfliessen lassen, so kann doch, wenn der Herr nicht übermäßigen Luxus liebt, ein guter Theil des Landsertrages, in Betracht des kleinen Kreises, in einem viel engern, und also vortheilhaftern Umlauf erhalten werden, wenn das Höfchen seinen und den von dem seinigen unzertrennlichen Vortheil seiner Unterthanen versteht, und die Einnahme wieder in die gehörigen Kanäle zurückgießt. Da die meisten Herren dieser Gegend katholisch sind, und ihren jüngern Söhnen die reichen Stifter der Nachbarschaft offen stehn, so haben sie sich wenig um Appanagen zu kümmern. Viele derselben sind selbst geistlich, und können also durch ihre geseliche Leibesproduften ihren Unterthanen niemals zur Last fallen. Aber hier, wo vom Glücke der Völker die Rede ist, kommen diese Herren doch nicht in Anschlag. Wegen Mangel der Familienbande betrachten sie sich bekanntlich nie als angehörige ihres Landes, sondern als Kommandanten, die da sind, um das Volk zu brandschatzen ... Die Entbehrlichkeit des Soldatenstandes, die Leichtigkeit das Ganze zu übersehn, die Entfernung von dem politischen Gezerre der grössern Staaten, die Sicherheit, daß ihre Regenten keine grossen Eroberer spielen können, und noch viele andre Verhältnisse könnten diesen kleinen Völkerschaften zu statten kommen, wenn ihre Häupter gesünder wären.

Allein, die Höfe von Stuttgard und Karlsruhe ausgenommen, hab' ich zu meinem grossen Leidwesen keinen in Schwaben gefunden, der das Glück seiner Unterthanen als seinen Beruf betrachtete. Die andern scheinen im Wahn zu stehn, daß die Völker wegen ihnen, und nicht sie wegen dem Volk geschaffen seyen. Die Kameralisten dieser Herren, deren ich einige sehr genau kennen lernte, machen einen sehr wesentlichen Unterschied zwischen dem Interesse des Hofes und jenem des Volkes, und wenn gleich der Unterthan, wie ich dir schon gesagt, gegen die gröbste Tyranney sicher ist, so ist er es doch nicht gegen die feine Beutelschneiderey des Finanziers.

Die Erziehung der meisten dieser Herren ist zu abscheulich, als daß es besser seyn könnte. Sie ist fast durchgehends in Händen von Pfaffen, theils Mönchen, deren Kenntnisse in ihre Kapuze eingeschränkt sind, theils jungen Abbes, die so eben von der Schule gekommen, und durch die Familie ihres Eleven ihr Glück machen wollen. Und worinn besteht nun die Moral des jungen Herrn? Der Mönch gewöhnt ihn, die Verehrung des heiligen Franziskus, Benediktus oder Ignazius, die öftern Bestellungen von Messen, die Skapuliere, Rosenkränze, Allmosen für Klöster u. dgl. m. für die wesentlichsten Pflichten zu halten, und zu wähnen, man könne damit eine Menge Vergehungen anderer Art wieder gut machen. — Und der Abbe? Dieser ist gemeiniglich ein junger Mensch, der auf der Schul seine ganze Philosophie und Moral von Mönchen gehohlt hat, ans Kriechen gewohnt ist, sich zum Schuhputzen brauchen läßt, und aus Furcht beym Regierungsantritt des jungen Herrn sein gehoftes Brod zu verlieren, in den kritischesten Jugendjahren desselben ihm gerne durch die Finger sieht. Beyde vergeſſen natürlich nicht, dem heranwachſenden Regenten zu ſagen, daß es Sünde ſey, die Menſchen wie die Fliegen todtzuſchlagen, auf offener Straſſe zu rauben, die Weiber ihrer Unterthanen durch Jäger oder Huſaren aus den Betten auf das Schloß hohlen zu laſſen u. dg. Aber das feinere ſittliche Gefühl, Achtung für jedes Geſchöpfe, das ihnen ähnlich ſieht, Empfindungen für höhere Tugenden, als die in den Legenden zum Muſter dargeſtellt werden, weiß keiner dieſer Herren in dem Zögling rege zu machen. Und ſind die Klöſter und Schulen auch der Ort, die Welt, die zarten Nüanzen der menſchlichen Pflichten, und beſonders die Erfoderniſſe zu einem guten Regenten kennen zu lernen?

Ich hatte Gelegenheit, einer Prüfung beyzuwohnen, die der Hofmeiſter von den Söhnen eines anſehnlichen ſchwäbiſchen Herrn mit denſelben ſehr feyerlich angeſtellt. Die Eltern, welche ſich wenigſtens durch den Eifer, ihre Kinder gut zu erziehen, vor vielen andern ſchwäbiſchen Häuſern auszeichnen, nahmen viel Theil daran, und hatten alle Verwandten und Freunde dazu gebethen. Der Hofmeiſter, ein Benediktiner, both alle Prälaten und Prioren in der Gegend auf, um den Triumph ſeiner Erziehungskunſt glänzender zu machen, die dann um so zahlreicher sich einfanden, als bey diesem Anlaß ein fetter Schmauß zu erwarten stand. Die Zöglinge waren so zwischen den 14 und 18 Jahren. Der Anfang wurde mit der lateinischen Sprache gemacht, und der ältere dieser Jünglinge las eine lateinische Rede ab, die er nach dem Vorgeben verfaßt haben sollte, die aber offenbar das Werk seines Lehrers war, welches dieser auch in seinen Blicken und Mienen während des Ablesens zu gestehen schien. Die Rede war durch alle die bekannte Figuren durchgearbeitet, und alle Fragen, Ausrufungen, Invektionen u. s. w. waren gegen die neuern Philosophen gerichtet, die der Religion und der menschlichen Gesellschaft überhaupt den Untergang androhen. Ich war sehr aufmerksam, weil ich einigemal den Voltairius und Rousseauvius mit aller rhethorischen Wuth bestürmen hörte. Ich konnte nicht begreiffen, was z. B. Rousseau, dessen Moral im Ganzen, besonders für Regenten, vortreflich ist, und der, auf der guten Seite genommen, in diesen Gegenden zum Besten der Menschheit wichtige Revolutionen machen könnte, einem jungen schwäbischen Herrn oder seinem Hofmeister, die ihn zuverläßig weder in Person noch in seinen Schriften kennen, leids gethan haben sollte. Einer un-

serer Landsleuthe, der Sprachmeister der jungen
Herren, durch den ich Eintritt fand, half mir
aus dem Traum, und sagte mir, daß es seit mehrern Jahren unter den Geistlichen dieser Gegenden Mode sey, dem Voltaire und Rousseau
allen erdenklichen Unsinn aufzubürden, und auf
den Kanzeln und bey jeder öffentlichen Gelegenheit ihren Witz an denselben zu schärfen . . . .
Nachdem die Rede gehörig beklatscht, und die
Komplimente und Gegenkomplimente verhallt
waren, schritt man zu der Geschichte. Da giengs
durch die 4 Universalmonarchien, und die jungen Herren nennten eine Menge babylonischer,
assyrischer, kaldäischer, ägyptischer, persischer
und andrer Regenten der Vorwelt, von denen
sich nichts weiter sagen läßt, als daß ihre Asche
mit der Erde, die wir bewohnen, vermischt ist.
Und alle die Monarchien drehten sich um das
alte Testament herum, und wurden auf den sa-
lomonischen Tempel aufgehaspelt. In Griechen-
land wußte man nichts als die 7 Weisen mit ihren Sprüchen aufzufinden, und hier wie in dem
republikanischen Rom war weder von den grossen Tugenden, noch von der Kultur, noch von
den Ursachen des Steigens und Fallens dieser
Völker die Rede. In den Augen eines Mönchen kann ein Heide keine Tugend haben, und

die Aufklärung, die Philosophie dieser berühmten Nationen war eben der Gegenstand, gegen den die Rede mit ihrem Feuer spielte. Dafür schien der Hofmeister als Lehrer der Geschichte gar keinen Sinn zu haben. In der Kaysergeschichte war weiter nichts zu melden, als die zehn oder zwanzig Verfolgungen der Kristen. Ich weiß nicht, ob es noch mehrere waren, ob ich schon in der römischen Geschichte, wie du weißt, eben nicht fremde bin. Man nennte alle nennbare Märterer, die unter diesen Kaysern litten. In der neuern Geschichte spielten natürlicher weise die Ahnen der jungen Herren die Hauptrolle; wie sie Klöster gestiftet und begabet, die Kreuzzüge mitgemacht, u. s. w. Hierauf kam man zur Geographie, und da wußte man von Arabien, Abyssinien, Monomotapa, Nubien, Monomugi und den Ländern, die wir am wenigsten kennen, am meisten zu sprechen. Nachdem man zur Prüfung einige wohlgeübte Erempelchen der Rechenkunst auf eine Tafel gekrazt hatte, kam endlich die Reihe an die Glaubens- und Sittenlehre. Es wurde in Behandlung des erstern Gegenstandes so viel von den untrüglichen Kennzeichen der alleinseligmachenden Kirche gesprochen, daß ich bald davon gelaufen wäre. Ich hatte in einem Lande von vermischter Religion wie dieses, solche harte Ausdrücke um so weniger erwartet, da die Toleranz der herrschenden Sekten ein Reichsgrundgesetz ist. Die moralische Prüfung war folgende: Hofmeister. Welches sind die Haupttugenden? Erster Eleve. Glaub, Hofnung und Liebe — Hofm. Erwecken sie mir den Glauben, Graf Karl! Graf Karl. O mein Gott ich glaube alles u. s. w. Hofm. Graf Max, erwecken Sie mir die Hofnung! Graf Max. O mein Gott, ich hoffe alles, u. s. w. Hofm. Graf August, erwecken Sie mir die Liebe: Graf August. O mein Gott ich liebe dich u. s. w. Es war recht herzbrechend für die guten Eltern anzuhören, wie ihre Kinder den Glauben, die Hofnung und die Liebe so hübsch nach dem Katechismus auswendig gelernt hatten — Hofm. Welches sind die Hauptlaster? Neid, Zorn, Unkeuschheit, Füllerey u. s. w. Da fielen mir die Prälaten mit ihren rothen, dicken Köpfen auf, besonders einer, der mit einer faunischen Miene die Hand auf dem Schoos der gnädigen Frau liegen hatte — Hofm. Welches sind die schweren Sünden in den heiligen Geist? An einer erkannten Wahrheit zweifeln: in einem erkannten Irrthum verharren, u. s. w. — Hofm. Wie viel giebt es gute Werke, Graf

Karl? Graf Karl. Sieben; Erstens, die Hungrigen speisen; zweytens, die Durstigen tränken; drittens die Nackenden bekleiden; viertens die Gefangenen erlösen, u. s. w. Und das war nebst den 10 Gebothen Gottes und den 5 Gebothen der Kirche alles, was die Sittenlehre anbelangt -- Also nur 7 gute Werke, Herr Graf! — Also für einen Herrn Grafen von 50000 Gulden Einkünften ist es ein gutes Werk, keine Pflicht, den Hungrigen zu speisen! — Also thut der Herr Graf ein gutes Werk, wenn er seinen Spitzbuben die Gefängnisse öffnet! — Es war alles buchstäblich so, Bruder, wie ich dirs niederschreibe, es ist nichts übertrieben, nichts verkleinert. Von Pflichten der Grösseren gegen die Kleinern, von dem wohllüstigen Geschäfte andre glücklich zu machen, von sündlicher Verschwendung des mit Schweiß und Thränen benetzten Geldes der Unterthanen, von Großmuth, Sanftmuth und ähnlichen Dingen war so wenig die Rede, als in dem wissenschaftlichen Theil der Prüfung von landwirthschaftlichen und statistischen Kenntnissen.

Der Hofmeister führte sodann seine Zöglinge triumphirend zu dem Schwarm der Zuhörer, die ihn und die jungen Herren mit einem verwirrten Gemurmel von Glükwünschen empfiengen. Der Zug gieng hierauf sehr feyerlich zur Tafel, wo ich im Punkt der schönen Sitten meine Bemerkungen über die Erziehungsart der jungen Herrn fortsetzen konnte. Eine gewisse grimaßirende Steifheit war mir in ihren Bewegungen schon beym ersten Anblick aufgefallen; aber der Sprachmeister machte mich erst bey Tische auf das Detail ihrer schönen Manieren aufmerksam. Da wußten sie alle die Löffel, Messer und Gabeln gar methodisch zu beyden Seiten der Teller auszutheilen, die Servietten, einer wie der andre, fein durch das oberste Knopfloch zu ziehn, gerade eine Spanne weit vom Tisch mit steifen Rücken und die Hände züchtiglich neben die Teller gelegt da zu sitzen, und wenn sie die Nase putzen wollten, es gar unsichtbar mit dem Schnupftuche unter der Serviette zu thun. Die Kaffetassen nahmen sie mit dem Daumen und dem Zeigefinger, und streckten die übrigen Finger, alle gleich, sehr artig neben aus. Keiner dorfte den Mund aufthun, als wenn er angeredet wurde. Wenn sie standen, so mußten die Füße fein vest auf einem Fleck, und nicht gar weit auseinander stehn, und die eine Hand in der Weste und die andre in der Rocktasche stecken. — Der Sprachmeister sagte mir, die ganze Familie und der

Hofmeister wären innig überzeugt, daß kein Mensch zu Paris anderst bey Tische sässe, anderst die Tasse nähme, oder anderst die Nase putzte. Er werde oft versucht, dem Benediktiner bey seinen Lektionen von der Art unter die Nase zu lachen, wenn er ihm nicht subordinirt wäre.

Wenn nun auch diese junge Herren auf die Universität oder auf Reisen gehn, so geschieht es unter der Aufsicht ihres jetzigen Hofmeisters, der ihnen alles, was sie sehen, durch seine alte Mönchsbrille zeigt, und alle Kenntnisse, die sie allenfalls sammeln, auf den dürren Stamm seiner ehemaligen Lehren einpfropft. Welche Vorbereitung wird nicht erfodert, um mit Nutzen reisen zu können? — Und wenn nun endlich der junge Erbherr die Regierung seines Landes antritt, kann es besser werden, als es ist?

Dank dem allweisen Schicksal, oder der allgütigen Vorsicht, die in den Regierungen der Länder nur gar zu sichtbar die Hände hat! Wenn man den Anbau dieser Gegenden des Schwabenlandes betrachtet, und weiß, wie wenig von den Herren desselben für sie gethan wird, so muß man glauben, es wache immer ein mächtiger Genius über ihnen, der allezeit das, was die Regenten verderben, zum Theil wieder gut machen muß.   lebe wohl.

VIII.

München. ——

Mit meiner Reisegesellschaft von Augsburg hieher war ich sehr wohl zufrieden. Der Postwagen war mit einigen Theatinermönchen, die ihrem Institut gemäß von der Vorsehung Gottes leben, aber auf alle Fälle den Beutel immer wohl gespickt haben, und einigen Kaufleuthen angefüllt. Alle waren wackre Zecher und lustige Pursche, und die Mönche äusserten durch ihr Betragen, daß ihnen der bairische Himmel ganz vorzüglich günstig sey. Sobald man über der Lechbrücke ist, muß man dem Wein gute Nacht sagen, und sich an dem vortreflichen bayrischen Bier halten, wovon die Maaß nur 3 Kreutzer kostet. Die Theatiner wußten immer vorher, auf welcher Station das bessere Getränke anzutreffen sey. Nach einigen tüchtigen Schmäusen fuhren wir gleich einem Kohr Bachanten

chanten unter Singen und lautem Gelächter in das schöne München ein.

Als ich vom Posthaus ins Wirthshaus kam, trat eine schöne Wirthin vor mich, sah mir sehr bedenklich ins Gesicht, und that verschiedene Querfragen, die ich wegen Mangel an Kenntnis der hiesigen Provinzialaussprache nur halb beantworten konnte. Da mir das viele Quästioniren an Wirthen unausstehlich ist, so sagte ich ihr etwas rauh; sie sollte mir gerade zu sagen, ob ich auf einige Tage bey ihr Bett und Tisch haben könnte? Mit einiger Schüchternheit gab sie mir endlich zu verstehen, sie habe mich so halb für einen Juden angesehen, und ich weiß nicht zu welchem Heiligen ein Gelübde gethan, keinen Juden zu beherbergen. Bald hätte ich wieder die Thüre in die Hand genommen; söhnte mich aber des andern Tages, als mein etwas zu grosser Bart abgeschoren war, mit der hübschen Judenhässerin förmlich und feyerlich aus, und befinde mich jezt recht wohl bey ihr.

Ungeachtet des starken Schmaussens unterwegs hieher hatte ich doch Zeit genug, die Bemerkung zu machen, daß der Ackerbau in diesem Theil von Bayern lange nicht so gut be-

F

stellt zu seyn scheint, als in Schwaben.) Ich habe sehr viele schwäbischen Dörfer gesehn; die viel eher Städte zu nennen wären, als die elenden Dinge, die ich seit meinem kurzen Aufenthalt in Bayern unter diesem Namen zu Gesicht bekommen, und darunter waren Dörfer, wovon manches die 6 ersten um München her, sehr weit von einander zerstreuten Oerter zusammengenommen, an Mannschaft übertraf.)

Ich bin mit dem Hof und dem Land noch zu wenig bekannt, um dir etwas zuverläßiges davon sagen zu können. Ich gedenke mich eine ziemliche Zeit hier aufzuhalten, und werde dir in gehöriger Ordnung meine Erkundigungen mittheilen — Unterdessen besuche ich fleißig das hießige deutsche Theater, und bin nun eben aufgelegt, dich mit dem Zustand des dramatischen Theils der deutschen Litteratur, in so weit ich ihn bisher habe kennen gelernt, zu unterhalten.

Schon zu Straßburg erfährt man, wenn man die deutsche Sprache versteht, daß Deutschland seit einigen Jahren mit einer Art von Theaterwuth befallen ist. Da werden die Buchläden von Zeit zu Zeit mit einem ungeheuern Schwall von neuen Schauspielen, Dramaturgien, Theateralmanachen, Theaterkroniken und Journalen überschwemmt, und in den Katalogen neuer Bücher nehmen die Theaterschriften allzeit richtig den dritten Theil ein. Ich halte selbst das Dramatisiren für die höchste Stufe der Dichtkunst, so wie das Geschichtemalen für den edelsten Theil der Malerey. Es soll uns den edelsten Theil der Schöpfung, den Menschen in seinen mannichfaltigen Verhältnissen am anschaulichsten und mit der grösten Wahrheit darstellen. Aber die Art Menschen, welche jezt in den meisten deutschen Schauspielen herrscht, findet man unter dem Mond höchst selten, und wenn hie und da einer von dieser Art von ohngefähr erscheint, so nimmt die Polizey des Orts, wenn eine da ist, gewiß die Versorgung desselben über sich, und thut ihn ins Toll- oder Zuchthaus.

Stelle dir vor, lieber Bruder, die jezigen Lieblingskaraktere des bramaturgischen deutschen Publikums sind rasende Liebhaber, Vatermörder, Strassenräuber, Minister, Mätressen, und grosse Herren, die immer alle Taschen der Ober- und Unterkleider voll Dolche und Giftpulver haben, melancholische und wüthende Narren von allen Arten, Mordbrenner und Todtengräber. Du glaubst es vielleicht nicht, aber es ist die Wahrheit, daß ich dir über 20

Stücke nennen kann, worinn verrückte Personen Hauptrollen spielen, und der Dichter seine Stärke in der Schilderung der Narrheit gesucht hat. Und was sagst du, wenn ich dich auf meine Ehre versichere, daß das deutsche Publikum, welches ich bisher zu kennen die Ehre habe, gerade die Stellen am stärksten bewundert und beklatscht, wo am tollsten geraset wird? — Man hat Stücke, worinn die Hauptperson alle 12 bis 15 mitspielende Personen der Reihe nach umbringt, und sich dann zur Vollendung des löblichen Werkes den Dolch selbst in die Brust stößt — Es ist ausgemacht, daß die Stücke den meisten Beyfall haben, worinn am häufigsten geraset und gemordet wird, und verschiedene Schauspieler und Schauspielerinnen konnten mir nicht genug beschreiben, was sie für Noth hätten, um auf verschiedene neue Arten sterben zu lernen. Es kommen Stellen vor, wo Leuthe unter abgebrochenen Reden und anhaltenden Konvulsionen eine halbe Stunde lang in den lezten Zügen liegen müssen; und das ist doch wahrlich kein geringes Stück Arbeit, einen solchen Tod gehörig zu souteniren. Du solltest nur manchmal eine deutsche Schaubühne sehn, wo 4 bis 5 Personen auf einmal auf dem Boden liegen, und der eine mit den

Füssen, der andre mit den Armen, der mit dem Bauch, und jener mit dem Kopf seinen Todeskampf ringt, und das Parterre unterdessen jede Zuckung der Glieder beklatscht.

Nach den Rasenden und Mördern behaupten die Besoffenen, die Soldaten und Nachtwächter den zweyten Rang auf der deutschen Bühne. Diese Personagen entsprechen dem Nationalkarakter zu sehr, als daß sie einem deutschen Zuschauer auf der Bühne nicht willkommen seyn sollten. Aber warum der phlegmatische Deutsche, der zu stürmischen Leidenschaften, zu rasenden Unternehmungen, zu starken tragischen Zügen so wenig Anlage hat, so verliebt in die Dolche, Giftmischereyen und hitzige Fieber auf dem Theater ist, das konnte ich mir anfangs so leicht nicht erklären.

Auf der Seite des Publikums mag wohl der Mangel an mannichfaltigern Kenntnissen des bürgerlichen Lebens und an geselligem Umgang eine Ursache davon seyn. Die verschiedenen Volksklassen kreutzen sich in den deutschen Städten nicht auf so verschiedene Art, wie in den französischen. Alles was Adel heißt, und wenn auch der Adel nur auf dem Namen beruhen sollte, und alles, was sich zum Hof rechnet, ist für den deutschen Bürger verschlossen.

Seine Kenntnisse, seine Empfindungen von gesellschaftlichen Situationen sind also viel eingeschränkter, als jene unserer Bürger. Er hat kein Gefühl für unzälige Verhältnisse des gemeinen Lebens, die der Bewohner einer mittelmäsigen französischen Stadt gehörig zu schätzen und zu empfinden weiß. Bey dieser Gefühllosigkeit für bürgerliche Tugenden und Laster, bey dieser Stumpfheit für die Verkettungen und Intriguen des gewöhnlichen gesellschaftlichen Lebens hat nun der deutsche Bürger natürlich zu seiner Unterhaltung im Theater Karrikkaturen und starke Erschütterungen nöthig, da sich der Franzose mit einem viel feinern Spiel der Maschinen eines Theaterstückes begnügt, und seine eigne Welt gerne auf der Bühne vorgestellt sieht, weil er sie kennt. Die Theaterstücke, welche man aus Sachsen bekömmt, sind nicht so abentheuerlich und ungeheuer, als die, welche in dem westlichen und südlichen Theil von Deutschland gemacht werden, weil ohne Zweifel mehr Aufklärung, Sittlichkeit und Geselligkeit unter den Bürgerständen daselbst herrscht, und man also auch die Schattirungen der Auftritte des gemeinen Lebens besser fühlt, als hier. Ueberhaupt ist hier zu Lande der grosse Haufen mehr Pöbel als in Frankreich, und be-

Brief.

kanntlich läuft der Pöbel gerne zum Richtplatz und zu Leichen.

Auf der Seite des Dichters hat diese tragische Wuth verschiedene Ursachen. Die meisten der jeztlebenden deutschen Schauspielschreiber haben das mit dem übrigen Pöbel gemein, daß sie die Fugen und das Spiel des bürgerlichen Lebens gar nicht kennen. Viele derselben sind Studenten, die noch auf der Schule sitzen, oder so eben davon zurückgekommen sind, und das Schauspielmachen zu ihrem Metier erwählt haben. Da schmauchen sie ohne alle Weltkenntnis hinter ihrem Ofen, phantasieren sich in den Tobakwolken eine Riesenwelt, worinn sie als Schöpfer handeln können, wie es ihnen beliebt, und ihren Kreaturen keine Schonung, keine Ausbildung, keine Polizey und keine Gerechtigkeit schuldig sind. Da ist es nun kein Wunder, daß aus diesen Wolken so viele Menschen ohne Köpfe, und so viele Unmenschen mit Köpfen herausspringen. Sie suchen die tragische Stimmung des Publikums zu benutzen, um mit der grösten Leichtigkeit ihr Brod zu gewinnen; denn ohne auch das willkürliche Abentheuerliche in Anschlag zu bringen, so ist es doch allzeit leichter eine Tragödie, als eine Komödie von gleicher Güte zu machen.

Ein andrer Theil dieser Kothurnaten läßt sich von dem herrschenden Geschmack verführen. Da trat vor einigen Jahren ein gewisser Göthe, den du ohne Zweifel nun aus einigen Uebersetzungen kennst, mit einem Stück auf, das seine sehr grosse Schönheiten hat, aber im Ganzen das abentheuerlichste ist, das je in der Theaterwelt erschienen. Ich brauche dir weiter nichts zu sagen, um dir einen Begrif davon zu geben, als daß der Bauernkrieg unter Kayser Maximilian mit brennenden Dörfern, Zigeunerbanden und Mordbrennern mit den Fackeln in der Hand auf die anschaulichste Art vorgestellt wird. Es heißt Götz von Berlichingen mit der eisernen Hand, und hat verschiedenen Versuchen ungeachtet zum grossen Leidwesen des deutschen Publikums noch nicht auf das Theater gebracht werden können, weil die häufigen Veränderungen der Scenen, die erstaunlich vielen Maschinen und Dekorationen zu viel Aufwand erfodern, und zwischen den Auftritten gar zu lange Pausen verursachen. Göthe ist wirklich ein Genie. Ich hab' einige andre Theaterstücke von ihm gelesen und aufführen gesehen, worinn man sieht, daß er die Menschen, die wie er auf ihren zwey Beinen gehn, in dem alltäglichen Leben eben so gut zu behandeln weiß, als die, welche auf dem Kopf stehn. Mit Vergnügen sah ich sein Erwin und Elmire, eine sehr niedliche Operette, und seinen Klavigo, ein Trauerspiel, wozu unser Beaumarchais, wie du weißt, den Stof gegeben. Dieses hat zwar auch seine starken Ausschweifungen; aber einem Genie ist alles erlaubt — Nun drängte sich ein unzähliger Schwarm von Nachahmern um den Mann. Sein Götz von Berlichingen war ein magischer Stab, womit er einige hundert Genies auf einem Schlag aus dem Nichts hervorrief. Stumpf gegen die wahren Schönheiten des Originals suchten die Nachahmer ihre Grösse darinn, die Ausschweifungen desselben treulich zu kopieren. Im Götz von Berlichingen wird mit jedem Auftritt das Theater verändert. Ein gutes Stück mußte also nun der Reihe nach wenigstens eine ganze Stadt durchlaufen, von der Kirche an, durch die Rathsstuben, Gerichtshöfe, über die Marktplätze, bis zur Wahlstatt. Da Göthe etwas verschwenderisch mit den Exekutionen umgieng, so wimmelte es nun in der deutschen Theaterwelt von Scharfrichtern. Shakspear, den Göthe vermuthlich bloß aus Laune, oder vielleicht in der guten Absicht, um seine Landsleuthe auf diesen grossen Dichter aufmerksamer zu machen, in seinem Götz zum Muster genommen, Shakspear war nun der Abgott der deutschen Theaterdichter; aber nicht der Shakspear, welcher dir die Menschen wie Raphael in jeder augenblicklichen Stimmung, in allen Nuanzen der Handlungen, mit jeden Bewegungen der Muskeln und Nerven, mit jeder Schattierung der Leidenschaften, mit aller möglichen Wahrheit darstellt; sondern der Shakspear, welcher aus Mangel einer Bekanntschaft mit andern Originalien und einer gehörigen Ausbildung, sich mit aller Gemächlichkeit seiner Laune überließ, mit Flügeln seines Genies über Jahrhunderte und über ganze Weltkreise wegflog, und sich im Gefühl seiner vorschwebenden Gegenstände um keine Einheiten, und um keinen Wohlstand kümmerte. Ein Geschichtmaler kann unendlich stark im Ausdruck einzelner Personen oder Parthieen seyn, und die anständige Zusammensetzung, das, was man Haltung heißt, und verschiedene andre Dinge vernachläßigen; aber wenn sein Schüler in Nachahmung dieser Nachläßigkeit seine Stärke sucht, so ist er wahrhaftig zu bedauern.

Die Regeln sind keine Sklaven-Fesseln für das Genie. Entweder trägt es sie wie Blumenketten, ungezwungen, leicht und mit Anstand, oder, wenn es den Werth dieses Schmuckes nicht kennt, wenn es in seiner natürlichen Wildheit auftretten will, so ersetzt es durch die unbändige Stärke, womit es seine Gegenstände umfaßt, die vernachläßigten Verzierungen. Aber solche stürmische Genieen sind höchst selten, und platterdings nicht zum Nachahmen in den Manieren gemacht. England hat seit so vielen Jahrhunderten nur einen Shakspear, man muß sagen, ganz Europa hat nur einen hervorgebracht. Der gröste Theil der kunsttreibenden Erdensöhne wird immer durch angestrengtes Studieren seine Grösse suchen müssen, und die Regeln sind zur Prüfung des Studiums gemacht.

Dieser lächerliche Geschmack, durch die Vernachläßigung des Wohlstandes und der Regeln, durch affektirte Ausgelassenheit, abentheuerliche Situationen, abscheuliche Grimassen, und erbärmliche Verunstaltungen glänzen zu wollen, hat seit dieser Zeit alle Theile des literarischen und kunsttreibenden Deutschlands angesteckt. Man hat junge angebliche Genies in der Menge, die in ihren verschiedenen Fächern, in der Musik, in der Malerey, in andern Theilen der Dichtkunst um so grösser zu seyn wähnen, je weiter sie sich von den Regeln entfernen, und je weniger sie studieren. Die alten dachten anderst hierüber, und die Werke, welche sie uns hinterlassen haben, werden von diesen vorgeblichen Urgenieen gewiß nicht verdunkelt werden. Virgil verglich seine Produkten der unförmlichen Geburt einer Bärin, die bloß durch vieles Lecken eine Gestalt bekommen muß, und man sieht dem Terenz und Plautus gewiß an, daß sie eine Scene ihrer Schauspiele nicht bey einer Pfeife Toback vollenden konnten — Du weist, daß Shakspear auch unter uns seit einiger Zeit seine Anhänger hat. Aber dazu wird es doch so leicht nicht kommen, daß seine Ausgelassenheit Regel wird, und wenn auch gleich Arnaud dem Ungeheuern den Weg auf unsrer Bühne geöfnet hat, so sind sie doch bisher zu selten erschienen, als daß wir Gefahr liefen, die gewöhnlichen Menschen und unsre ehrlichen, bekannten Mitbürger durch dieselben davon verdrängt zu sehen.

In der deutschen Sprache machte dieser verdorbene Geschmack eine merkwürdige Revolution. Wenn man die Schriften eines Geßners, Wielands, und Leßings ließt, so sieht man, daß die Sprache im Gang zu ihrer Ausbildung war, und nach und nach die Rundung und Politur bekommen haben würde, die zu einer klaßischen Sprache unumgänglich nöthig ist. Aber den neugeschaffenen Geniees war es nicht genug, in ihrer erzwungenen Wuth einzle Wörter zu verstümmeln; sondern sie giengen mit ganzen Perioden eben so grausam um. Alle Verbindungswörter wurden abgeschaft und alle Gedankenfugen getrennt. In vielen neuern Schriften stehn die Sätze alle wie unzusammenhängende Orackelsprüche da, und man findet keine Unterscheidungszeichen darinn, als Punkten, und !!! und ??? und ———. Jeder wollte sich zu seinen anmaßlichen Uribeen auch neue Wörter schaffen, und du müßtest dich krank lachen, wenn du gewisse literarische Produkten Deutschlands, die von vielen für Meisterstücke gehalten werden, kennen solltest.

Nun ist eben hiemit nicht gesagt, daß in Deutschland gar keine Leute von besserm Geschmack seyen. Sie wurden nur überschrieen, weil sie die geringere Zahl ausmachen, mit Gelassenheit und überzeugenden Gründen sprechen wollten, die andern aber ein betäubendes Hundsgebelle begannen. Erst gestern sah' ich mit vielem Vergnügen ein neues kleines Stück aufführen, welches den Titel hat: Geschwind eh' es jemand erfährt, und welches sich durch die Simplizität der Handlung, durch sanftes und stilles Spiel seiner einfachen Maschiene und besonders durch den reinen und runden Dialog ungemein ausnimmt. Ich sah noch verschiedene andre Lust- und Trauerspiele von ähnlichem Gehalt; aber das Parterre will geraset, gemordet, gedonnert und kanonirt haben, und die Schauspieler führen solche Stücke nur auf, um zu verschnaufen, und zu neuen Rasereyen Athem hohlen zu können.

Die hiesige Schauspielergesellschaft ist ohngefähr die sechste, die ich in Deutschland gesehen. (Du wunderst dich über die Menge in dem kleinen Strich? Es dient dir also zur Nachricht, daß seit verschiedenen Jahren in Deutschland unzählige kleine Haufen Komödianten, wie in Spanien und England, auf dem Lande herumziehn, oft in Scheunen und Ställen der Dörfer und Flecken ihre Bühne aufschlagen, und vom Dorfschulzen den Schlafrock und die Pantoffeln borgen, um einen Julius Cäsar in der Toga, oder welches ihnen Eins ist, einen Sultan darinn spielen zu können. In Schwaben sah ich 4 solche Gesellschaften. Sie bestehn meistens aus verlaufenen Studenten und liederlichen Handwerkspurschen, die bald auf dem Theater, bald unter den Soldaten, bald im Zuchthaus, bald im Spital sind. Die hiesige Schauspielergesellschaft ist weit über diesen Troß erhaben.) Alle Glieder stehn in der Besoldung des Hofes, welcher die Einnahme des Entrees hat. Fast alle sind sehr artige, gebildete Leuthe, und in Rücksicht auf die Kunst übertreffen sie weit meine Erwartung. Ich wüßte nicht über 3 bis 4 Theater in Frankreich, die ich dem hiesigen vorzöge. Die Schauspieler geniessen den Umgang der grösten Leuthe des Hofes, und haben also Gelegenheit, sich auszubilden. Wie widersinnig, daß dieser Umgang dem Dichter verschlossen ist, welcher eben so viel dabey zu gewinnen hat, als der Schauspieler!

Schon zu Straßburg hörte ich viel Gutes von Herrn Marchand und seiner Gesellschaft. Er hatte daselbst verschiedenemal gespielt, als er noch kein beständiges Engagement hatte. Der Kurfürst nahm schon zu Mannheim seine Gesellschaft zu Hofschauspielern an, und machte ihn mit einem ansehnlichen Gehalt zum Direkteur des Hoftheaters. Es war mir sehr angenehm ihn persönlich kennen zu lernen. Er ist ein Mann von Welt, sehr lebhaft und witzig, der zugleich seine Wirthschaft so gut verstund, daß er in den Gegenden des Unterrheins ein Kapital von ohngefähr 100000 Livres zusammengebracht hat. Er sagte mir, wie viele Mühe er sich beym Antritt seiner Prinzipalität gegeben, um seine Gesellschaft auf einen andern

Fuß zu setzen, als worauf die meisten deutschen Schauspielergesellschaften damals standen.(Er wählte sich nur gutgezogene Leuthe, zahlte sie sehr richtig aus, und dankte sie bey einer Ausgelassenheit eben so richtig ab. Dadurch erwarb er sich und seinen Leuthen die Achtung des Publikums, welches anfangs die Schauspieler noch als unehrliche Leuthe betrachtete.) Auch auf den Geschmack des Publikums verschafte er sich Einfluß. Er gab nichts, als sehr wohlgewählte, übersetzte, französische und englische Stücke nebst den bessern Originalien, und wechselte zur Unterhaltung des Publikums mit unsern Operetten ab, die ausser Paris gewiß nicht besser als bey ihm aufgeführt wurden. Nun riß aber auf einmal die tragische Wuth und das Riesenmäßige in die deutschen Bühnen ein. Er kämpfte lange dagegen; mußte aber doch endlich dem Strom nachgeben. Da die Lungen seiner Leuthe an gewöhnliche Menschentöne gewöhnt waren, und die starken Erschütterungen nicht aushalten konnten, welche zu der neuen Riesensprache, zu den erschrecklichen Rasereyen und all dem Geheule nöthig waren, so mußte er sich bey seiner Ankunft zu München auf Verlangen des Publikums einige neue Subjekte beschreiben, die im stundenlangen Sterben und

Heulen

Heulen geübt sind, und im Ausreissen ihrer eingesteckten falschen Haare, im unerträglichsten Gebrülle und Händeringen mehr beklatscht werden, als die andern im feinsten Ausdruck ihres Gegenstandes. Doch vermuthlich ist der jetzige Geschmack nur eine vorübergehende Fieberhitze, die der guten Sache, dem gesunden Menschenverstand, mit der Zeit Platz machen muß. Leb wohl.

IX.

München ――

Du foderst in deinem Brief viel zu viel von mir. Ich begreiffe wohl, daß dir besonders daran gelegen ist, diesen Hof und dieses Land genau zu kennen, weil ohne unsre ehemaligen Verhältnisse mit Bayern in Anschlag zu bringen, das pfälzische Haus nach dem östreichischen und Brandenburgischen jetzt das mächtigste in Deutschland ist, oder doch seinen innern Kräften nach seyn sollte, und die Lage der Besitzungen desselben es in gewissen Umständen für unsern oder den kayserlichen Hof äufferst wichtig machen könnte. Ich will thun, was ich kann; aber die Zeit, die ich hier zubringen will, ist zu kurz, um dir gänzlich genug zu thun.

Der hiesige Hof ist in einen so dicken, bunten und stralenden Schwarm von Ministern, Räthen, Intendanten und Kommandanten eingehüllt, daß es sich nicht wohl durchkommen, auch nicht wohl durchsehen läßt. Mit unserm hiesigen Minister, der ohne Zweifel seine Welt kennt, konnte ich noch keine besondere Bekanntschaft machen. Ich schildere dir also den Hof, wie ich ihn theils aus den Beschreibungen einiger ziemlich zuverläßigen Leuthe, theils aus meinen wenigen Beobachtnngen kenne, die ich aber nur in einiger Entfernung machte. In so weit der Hof in Verbindung mit dem Lande steht, da haben wir ja die öffentlichen Verordnungen und Anstalten, um ihn zu taxieren.

Der Kurfürst hat das glücklichste Temperament. Er ist von sanftem, geselligem und munterem Karakter, gar nicht mißtrauisch und argwöhnend, und zu Machtsprüchen und Gewaltthätigkeiten so wenig aufgelegt, daß, als einst eine Reformation an seinem Hofe zu Mannheim nöthig war, und er den entschlossenen

Brief.

Grafen von Goldstein zum ersten Minister von Düsseldorf berief, um mit Muth Hand an das Werk zu legen, er unterdessen eine Reise nach Italien machte, damit die Reforme durch das Bitten und Klagen der Abgedankten, denen er sich nicht zu widersehn getraute, nicht hintertrieben würde. In seinen jüngern Jahren verleitete ihn eine etwas mißvergnügte Ehe, aus der er keine Kinder erzielen konnte, zu einigen nicht übertriebenen Ausschweifungen. Die Kinder, welche er von linker Seite hat, liebte er, wie ihre Mutter, so sehr, daß er sie mit schweren Kosten in den Grafenstand erhob. In seinen ältern Tagen öfnete nun seine weiche Gemüthsart und vielleicht die Erinnerung seiner sehr verzeihlichen Fehltritte einer gewissen Frömmigkeit den Weg zu seinem Herzen, die an sich wohlthätig für das Land wäre, wenn nicht zugleich durch sie den Pfaffen und Mönchen der Eingang offen stünde.

Was seine Kenntnisse anbelangt, so soll er in verschiedenen Wissenschaften, besonders in den mathematischen ziemlich bewandert seyn, und französisch, italiänisch und englisch sprechen. Aber die Kunst ist eigentlich seine Sache. Er hat ihr sehr grosse Opfer gebracht. Seine Orchester und seine Oper ist nebst den

Musicken zu Neapel und Turin das beste von der Art in Europa. Die prächtigen Sammlungen von Kupferstichen, Anticken, und andern Sachen sind ewige Denkmäler seiner Freundschaft mit den Musen.

Ein Engländer soll ihm zu Mannheim das Kompliment gemacht haben: Er verdiene ein Privatmann zu seyn. Gewiß ist dieß das beste, was sich über den Karakter dieses Fürsten sagen läßt. Ihm fehlt platterdings die Härte und Entschlossenheit, die unumgänglich nöthig ist, um ein so wüstes Land, wie Bayern, umzuschaffen. Es fehlt ihm an richtiger Menschenkenntniß, und sein gutes Herz deutet alles zum Vortheil der Leuthe, die ihn umgeben. Seine Pfaffen sieht er alle im Licht seiner Frömmigkeit und Religion, mit welcher sie doch im Grunde keine wesentliche Verbindung haben, und so ist es sehr begreiflich, daß der liebenswürdigste Privatmann eben nicht der beste Regent ist.

Wenn ich nun meine Augen von der Hauptperson abziehe, und mich nach dem umsehe, der nach derselben und natürlich auch auf dieselbe den meisten Einfluß hat, so tappe ich im finstern herum, und weiß nicht, wen ich greifen soll. Da ist ein Obristhofmeister, ein Finanzminister, ein Kanzler, ein paar geheime Räthe, ein Beichtvater, ein paar Weiber, die unter sich den Einfluß getheilt, und sich den gegenseitigen Antheil garantirt zu haben scheinen.

Wer die Sache bey Licht betrachten, und dem Gang jeder Intrigue bis auf den Ursprung nachspüren könnte, der würde die eigentlichen Triebfedern der Hofmaschine ohne Zweifel in einer Kutte und in einem Frauen-Unterrock finden, welche den Staat vermittelst der geheimen Räthe, des Kanzlers und der übrigen Herren mit Sternen und Bändern in die Bewegung setzen.

Was die Pfaffen und Weiber, welche leztere hier zwar keinen unmittelbaren, aber doch einen sehr starken Einfluß auf den Regenten haben, für eine Wirthschaft zu treiben pflegen, wenn sie Meister sind, davon haben wir an unserm Hofe Beyspiele genug gehabt. Aber so schlimm, wie sie es hier treiben, war es bey uns doch nie, wenn auch gleich hier nicht, wie an unserm Hofe geschehen, der Raub vieler Provinzen von der Grille einer Mätresse verschlungen wird. Es fehlte doch bey uns nie an entschlossenen Patrioten, die der bösen Wirthschaft entgegen arbeiteten, und öfters zum Theil wieder gut machten, was die andern verdorben haben. Aber einen Patrioten suchst du am hiesigen Hof vergebens, oder wenn du einen findest; so muß er seinen Patriotismus in stillen, unnützen Seufzern aushauchen.

Von den herrschenden Grundsätzen der hiesigen Hofleuthe überhaupt genommen weiß ich dir wenig zu sagen. Das augenblickliche Privatinteresse scheint die Richtschnur eines jeden zu seyn. Wenn sie Grundsätze haben, so sind es gewiß die geschmeidigsten und biegsamsten von der Welt — Wenn es sich von der Denkungsart einiger Untergeordneten, die ich kenne, auf die Höhern, mit denen sie in Verbindung stehn, schliessen läßt, so haben verschiedene der Grossen des hiesigen Hofes den abscheulichsten Unsinn zu ihrer politischen Theorie angenommen. Z. B. die Religion sey nur für den grossen Haufen, um ihn unter den Füssen behalten zu können. — Ein Hofmann müsse das Aeussere der Religion mitmachen, und sein Inneres für das Volk verschliessen — Die Menschen seyen von Natur böse, zum Aufruhr, zu Veränderungen, und zum beständigen Murren geneigt, und nie zu befriedigen; man müsse sie daher unter einem beständigen Druck halten, und ihnen die Kräften zu handeln nehmen — Viel Aufklärung sey dem Volk schädlich — Die Grossen hätten ihre Vorrechte über das Volk unmittelbar von Gott erhalten, sie seyen dem Volk also keine Rechenschaft schuldig, und über alle Verbindlichkeit gegen dasselbe erhaben; u. s. w. — Doch, wie gesagt, das sind keine Grundsätze, sondern es ist elender Wahnwitz, den einige italiänische Politicker zuerst in Ausübung gebracht, weil sie Machiavels Fürsten misverstanden, den dieser grosse Schriftsteller in seinen Anmerkungen über den Titus Livius doch selbst so gründlich und deutlich widerlegt.

Du wirst nun von selbst erachten, daß der hiesige Hof nicht viel besser als der spanische und portugiesische bestellt sey. Mit den besten Absichten kann der Fürst nichts zum wahren Wohl seines Volks bewirken. Die Kanäle, wodurch sich der Regent seinen Unterthanen mittheilen soll, sind verstopft. Unter der vorigen Regierung verkaufte der Minister die Stellen öffentlich, und nun werden sie am Spieltische vergeben. Man hat häufige Beyspiele, daß Leuthe die gesuchte Beförderung nicht anderst erhalten konnten, als wenn sie oder ihre Patronen an gewisse Damen eine gewisse Summe verloren. Alles ist hier feil. Vor 2 Jahren hätten einige Minister des hiesigen Hofes das halbe Bayern an Oestreich verkauft, wenn nicht der preußische und rußische Hof, und der zweybrückische Minister Hofenfels den Kauf hintertrieben hätten. Alle Entwürfe, welche dem Fürsten vorgelegt werden, haben nur geringern Theils die gute Sache, grösten Theils aber den Vortheil des Projektanten zur Absicht.

Wie ist es möglich, daß ein Hof die zum Glück des Volks erfoderliche politische Bildung, und die Grundsätze haben kann, worauf der Werth einer Regierung beruht, wenn man blos durch eine glänzende Geburth, durch Verwandtschaften, durch Geld, durch Weiber und Pfaffen zu den höchsten Ehrenstellen kömmt? — Nebst der Gutherzigkeit ist auch die Prachtliebe des Fürsten zum Uebertriebenen geneigt. Die erstere verleitet ihn zu glauben, der Hof sey vielen Leuthen und besonders dem Adel reichen Unterhalt schuldig, wenn sie auch gleich nichts zum Besten des Staats thun. Während daß sich viele andre Regierungen alle Mühe geben, die unbegründeten Vorrechte des Adels zu beschneiden und ihn zu zwingen, sich bloß durch wirkliche Verdienste geltend zu machen, hält es der hiesige Hof für seine Pflicht, ihn in seinem geheiligten Müßiggang, wie die Frösche der Latona, oder die Gänse des Kapitols auf Kosten des Staats zu mästen — Man geht jezt mit dem Projekt schwanger, eine neue Provinz des Maltheserordens mit vielen Millionen in Bayern zu errichten. Nicht das Verdienst, sondern blos der Adel hat auf den Genuß dieser reichen Stiftung Anspruch zu machen. Ich weiß nicht, ob der kristliche Vorsatz, den Sarazenen Abbruch zu thun, oder sonst eine besondere Vorliebe für diesen Orden den Kurfürsten auf den Einfall gebracht hat: Aber das ist gewiß, daß die Ritter die Zeit, welche sie in ihrem Noviziat auf der See, oder vielmehr an den Spieltischen und bey den Schmäussen auf der Insel Malta zubringen, zu Hause viel nützlicher für Bayern verwenden könnten. So wenig Vortheil von dieser neuen Maltheserprovinz für den Staat abzusehen ist, so gewiß soll die Ausführung dieses Projekts beschlossen seyn. Man berathschlagt sich nur noch, woher man den Fond dazu nehmen soll — Die Prachtliebe des Fürsten ist eben so verschwenderisch mit den Staatsgeldern. Ich könnte dir hier zur Erbauung aus dem Hofkalender einige hundert Bedienungen benamsen, deren Verrichtungen insgesammt dir ein unauflösbares Räthsel seyn würden. Es soll aber genug seyn, dir zu sagen, daß sich der hiesige Hof zu 2 bis 3 Rheinschiffen einen Großadmiral hält.

Alles, alles ist hier durchaus auf den Schein angelegt —. Die Armee des Hofes besteht aus ohngefähr 30 Regimentern, die ihrer nun angefangenen Ergänzung ungeachtet doch noch keine 18000 Mann zusammen ausmachen. Wenigstens einen Viertheil derselben machen die Officiers aus, worunter auch mehrere Generalfeldmarschälle sind. — Die vielen Titel und die bordirten Westen der hiesigen Einwohner setzen einen Fremden nicht sicher von ihnen angebettelt zu werden. Vorgestern beschaute ich die schöne Jesuitenkirche, und um nicht das Ansehn eines müßigen Anschauers zu haben, kniete ich zu einigen Leuthen in einen Bethstul. Sogleich rückte ein Mann, den ich nach seiner Kleidung für eine wichtige Person gehalten hätte, näher zu mir, both mir eine Prise Toback an, und nach einigen Anmerkungen über die Schönheit der Kirche, fieng er an umständlich seine Noth zu klagen und mich um ein Almosen anzusprechen. Das nämliche war mir schon in einer andern Kirche von einem sehr wohlgekleideten Frauenzimmer begegnet. — Die Polizey, welche sich die Beleuchtung und Reinlichkeit der Stadt so sehr angelegen seyn läßt, muß sich von den Dieben und Räubern an den Thoren der Stadt troß biethen lassen, und weiß den unzäligen hiesigen Bettlern keine Beschäftigung und kein Brod zu verschaffen.

Dieser Mangel an wahren, durchgedachten und vesten Grundsätzen, diese Scheinliebe, diese Verwirrung der Geschäfte durch die zu grosse Anzahl unbrauchbarer, unpatriotischer und müßiger Bedienten, macht die Verordnungen des Hofes oft sehr widersprechend. Einige vom Hofe haben vielleicht zwischen Wachen und Schlafen den Bekkaria gelesen, oder doch von der Verminderung der Todesstrafen und Abstellung der Folter in Preussen, Rußland und Oestreich gehört. Nun affektirte man hier auch diesen philosophischen Ton — es zeigte sich aber bald, daß es nur Affektation war. Die Diebe, Mörder und Strassenräuber mehrten sich so schnell und stark, daß eine Verordnung erschien, welche die ganze Blösse des Hofes an wahren Grundsätzen zeigte, und worinn gesagt wurde; „so sehr der Landesfürst zur Milde geneigt sey, und so vest er sich vorgenommen gehabt habe, nach dem Beyspiel andrer Mächte die Gerechtigkeit menschlicher zu machen, so habe er sich doch gezwungen gesehn, wieder strenge nach der Karolina, wie zuvor, hängen, rädern, spiessen, verbrennen und foltern zu lassen„ — Aber warum hat die Milderung der strafenden Gerechtigkeit in Preussen, Rußland und Oestreich die Folgen nicht gehabt, die in Bayern das neue Sistem wieder umwarfen? Aus keiner andern Ursache, als weil benannte Mächte ein ernstliches, durchgedachtes und zusammenhängendes Sistem in ihrer Regierung befolgen, der hiesige Hof aber dieses Sistem bloß zum Schein geborgt hatte, und seine übrige Wirthschaft mit dieser Philosophie nicht übereinstimmte. Man wußte hier nicht, wie in jenen Staaten durch nützliche Beschäftigung der Müssiggänger das Land von herumstreifendem Gesindel rein zu halten. Man sorgte nicht dafür, durch gute Erziehung, mehrere Aufklärung, Verbesserung der Sitten und Ermunterung zum Arbeiten die Unterthanen vom Stehlen und Rauben abgeneigt zu machen. — Und wenn dann auch der Hof bey Errichtung von Schulen und öffentlichen Arbeitshäusern für den müßigen Pöbel etwas hätte aufopfern müssen, so hätten ja die 6 Millionen Gulden, die man für das Malteserwerk wegwerfen will, zur Ersparung und Besserung vieler tausend Menschen nützlicher angelegt werden können. — Diese prächtigen Opern, diese kostbare Sammlungen von Seltenheiten, diese grossen Palläste und Gärten, dieser unzählbare Schwarm von schimmernden Bedienten, macht nicht alles dem Hof den Vorwurf, daß das Eigenthum seiner Unterthanen in schlimmen Händen ist? — Ohne Zweifel werde ich Anlaß finden, dich zu Berlin an den hiesigen Hof einigemal zurück zu erinnern.

Was die hiesigen Pfaffen betrift, so liegen sie jetzt unter sich im Streit. Es sind die nämlichen Partheyen, die in Frankreich durch ihre Verbitterung und Hitze gegen einander so viel Aufsehens gemacht haben. Die Exjesuiten mit ihrem Anhang haben eine mächtige Stütze an dem Beichtvater des Kurfürsten, einem aus ihrem Mittel, und an der Spitze der Benediktiner stehn sehr reiche Prälaten, die sich mit ihrem Gelde durch die feilen Hofbedienten und Damen einen Weg in das Kabinet zu öfnen suchen. Wenn ich nicht irre, so gehören einige der letztern auch zum Korps der Landsstände: Aber bey der jetzigen Regierung, die so eifersüchtig auf ihren Sultanismus ist, und die Landsstände als ihre Feinde betrachtet, gibt ihnen das wenig Gewicht, wie denn der Hof auch der Huldigung seiner Stände so lang als möglich auszuweichen sucht. Demungeachtet glaubt man, sie würden die Jesuiten noch unter die Füsse bringen, weil das Geld hier allmächtig ist. Was der Staat dabey zu verlieren oder zu gewinnen hat, weiß ich nicht. Die Benediktiner sind zwar immer auch Mönche, aber wenigstens doch so eigensinnig und unverträglich nicht als ihre Feinde von der Gesellschaft Jesu.

Diese Intoleranz der Jesuiten, welche schon seit langer Zeit Einfluß auf den Fürsten gehabt haben, hat der Pfalz am Rhein sehr viel geschadet. Die Reformirten machen wenigstens die Hälfte der Einwohner dieses Landes aus, und haben verschiedene Friedensschlüsse und öffentlichen Verträge zu ihrer Sicherheit. Sie sind in jedem Staat die besten Bürger, deren Religionslehren mit der gesunden Politik vollkommen übereinstimmen, und deren Geistlichkeit mit der weltlichen Macht gar nicht im Streit liegt. Demungeachtet werden sie noch bis auf diesen Tag auf alle Art gedrückt, und der Hof scheint sich ein Verdienst daraus zu machen, diesen bessern Theil seiner Unterthanen auszurotten, und geblendet von den Trugschlüssen seiner Pfaffen betrachtet er ihn als Unkraut im Garten des Herrn. Die Heuchler verlarven ihren Verfolgungsgeist mit politischen Scheingründen, und suchen den Fürsten zu bereden, Einheit der Religion sey jeder Staatsverfassung so wesentlich, als Einheit der Souveranität. So eben les' ich einen Kabinetsbefehl zur Unterdrückung eines kleinen, artigen und sehr unschuldigen Gedichtes gegen die Intoleranz. Es heißt darinn, der Verfasser suche in dem erzkatholischen Bayern einen dem Staat sehr schädlichen Mischmasch von Religionen einzuführen. Sähe der Hof doch, oder hätte er doch Augen zu sehn, was dieser Mischmasch von Religionen in Holland für gute Wirkungen für den Staat hat, und wie groß im politischen Betracht der Abstand zwischen dem durchaus katholischen Bayern und dem Lande sey, das etliche und dreißig Sekten zählt!

Durch die nämlichen Scheingründe trugen die Jesuiten in Frankreich viel dazu bey, daß das Edikt von Nantes widerrufen wurde. Sie gewöhnten Ludwig den Vierzehnten von Jugend auf, die Reformirten als heimliche Feinde der Krone und des Staats zu betrachten, und dichteten diesen stillen Bürgern den Verfolgungsgeist an, den sie selbst in ihrem eignen Busen fühlten. Unser Hof hat nun einsehn gelernt, daß die Jesuiten ärgere Feinde Frankreichs waren, als die Reformirten: aber während daß wir diesen Schritt so laut bereuen, während daß die Reformirten Hofnung haben, unter Ludwig dem Sechszehnten ihre entrissene Religionsfreyheit wieder zu erlangen, während daß Necker an seiner hohen Stelle ein öffentlicher Beweis von den unjesuitischen Gesinnungen unsers Hofes ist, fährt man hier fort, die Reformirten auch von den niedrigsten Staatsbedienungen auszuschliessen und auf alle erdenkliche Art zu unterdrücken.

Die Natur rächt allzeit ihre gekränkten Rechte. Die verfolgten Ketzer fliehn aus der Pfalz und bauen die nordamerikanischen Wildnisse an, da unterdessen ein grosser Theil von Bayern wüste bleibt, und mit allen seinen Finanzprojekten kann der hiesige Hof das nicht ersetzen, was er sich selbst durch seine Intoleranz schadet. leb wohl.

X.

München ——

Vor einigen Tagen hatte ich eine sehr lange und lebhafte Unterredung mit Einem von den wenigen aufgeklärten Patrioten, die hier im Dunkeln das Schicksal ihres Vaterlands beseufzen. Wir kamen auf Kayser Karl den Siebenden und den bekannten bayrischen Krieg zu spre-

sprechen. Ich hatte schon einigemal hören müssen, unser Hof hätte damals den hiesigen auf die schändlichste Art betrogen, und der Krieg würde zum Vortheil Bayerns ganz anderst ausgefallen seyn, wenn wir redlicher gehandelt hätten. Dieser gute Freund wußte mir auch sehr viel davon zu sagen, wie unsre Armeen in ihrem Angesicht die bayrischen Truppen vom Feind hätten angreifen lassen, ohne sich zu regen, wie die Subsidiengelder ausgeblieben wären; wie unsre Minister durch grosse Versprechungen, die sie nie hielten, den Krieg zum Verderben Bayerns verlängert; wie eigenmächtig unsre Kommandanten auf bayrischem Grund und Boden gehandelt u. s. w. Alles das räumte ich ihm zum Theil ein. Ich wußte nur zu gut, wie schlecht unser Ministerium damals bestellt war, besonders als die d'A...s ans Ruder kamen. Ich wußte, daß der damalige preußische Gesandte dem unsrigen am hiesigen Hof die nämlichen Vorwürfe gemacht, der letztere sich damit entschuldigen wollte, daß er unsre Minister Dummköpfe hieß, der erstere aber versezte: Das sind keine Dummköpfe; das sind Schurken. (ce ne sont pas des sots; ce sont des Coquins.) Ich wußte aber auch von einigen unsrer alten Officier, die den Krieg mitgemacht und den Zustand des hiesigen Hofes sehr genau kannten, daß die hiesigen Hofleuthe viel grössere Dummköpfe und Schurken waren, als die unsrigen; daß der Kayser selbst sich um seinen Rosenkranz, seine Hunde, seine Pfaffen und Mätressen, von welchen er gegen 40 Kinder hinterließ, vielmehr bekümmerte, als um seine Staatsangelegenheiten; daß seine Bedienten mehr darauf bedacht waren, seinen Leidenschaften und seiner Laune zu schmeicheln, als das Beste ihres Vaterlandes zu befördern, wie ihm dann ein gewisser Graf seine eigne Nichte verkuppelte, und durch den Einfluß, den er sich dadurch erwarb, jeden guten Rath der wahren Freunde des Kaysers vereitelte. Ich wußte, daß unsre Minister hier keinen einzigen Mann finden konnten, der mit dem Archiv und den Geschäften bekannt genug gewesen wäre, um zu Unterhandlungen vortheilhaft gebraucht werden zu können; daß die anfangs von Versailles richtig eingeschickten Subsidiengelder durch Nichtswürdige verschleudert wurden, die angegebene Zahl der bayrischen Truppen nie komplet war, und die meisten Officiers mit den Zahlmeistern die Hälfte der Kriegskasse neben einsteckten. Ich wußte, daß der Kayser, seiner grossen Verlegenheit ungeachtet, kaum dahin zu bringen war, von seinen reichen Klöstern Abgaben zu fodern, vielweniger durch Unterdrückung derselben und Besitznehmung einiger benachbarten geistlichen Fürstenthümer den Zustand seiner Finanzen zu verbessern und seiner wankenden Krone mehr Gewicht zu verschaffen.

Mein guter Freund mußte mir also gestehn, daß Bayern selbst den grösten Theil der Schuld zu tragen hatte, als die Sachen nicht nach Wunsch giengen. Von jeher stand der hiesige Hof unter dem Einfluß eines Dämons mit einer Kapuze, der seine Politik verwirrte, seine Schatzkammer beraubte, und Dummköpfe und Verräther an die Spitze der Geschäfte stellte. Während daß sich einige der kleinsten Häuser Deutschlands zu einer förchterlichen Grösse empor zu schwingen wußten, ob sie schon mit fast unüberwindlichen Hindernissen zu kämpfen hatten, mußte dieses alte, mächtige Haus die weiten Gränzen seiner Besitzungen immer mehr zusammen schwinden sehn, wenn sich gleich oft alle günstige Umstände vereinigten, um es hoch empor zu heben, sobald es der gesunden Politik Gehör geben wollte. — Als der Kurfürst von der Pfalz zum König von Böhmen erwählt ward, wer hätte erwarten sollen, daß sein eigener Vetter, der Herzog von Bayern das meiste beytragen würde, ihn, seiner Krone zu berauben, und auf Kosten seines Hauses das übermächtige Oestreich, diesen gefährlichen Nachbarn Bayerns, noch mehr zu verstärken? Nun wäre Böhmen mit Bayern und der Pfalz vereinigt und der jetzige Kurfürst ein mächtiger König — Im westphälischen Frieden mußten sich die Glieder des protestantischen Bundes für die schweren Kosten des schwedischen Krieges bezahlt zu machen, indem sie sich in Besitz der ihnen nahgelegenen geistlichen Fürstenthümer setzten; aber Bayern, welches für den Pabst und das Haus Oestreich bis auf den letzten Blutstropfen gekämpft hatte, hielt sich mit der Kurwürde und der Oberpfalz, die es doch nur auf Kosten eines andern Astes seines eignen Hauses erwerben konnte, für überflüßig bezahlt, und verabsäumte die beste Gelegenheit, das wichtige Fürstenthum Salzburg, mit dem es jetzt so viel zu zanken hat, das in seinem Busen gelegene Fürstenthum Freysingen, und viele andre angränzende Bisthümer in Besitz zu nehmen; und so kämpfte es immer, von falschen Religionsbegriffen geblendet, gegen seine eigne Grösse hinan.

Diese Kriege, die es so zu sagen gegen sich selbst geführt, der bald darauf erfolgte spanische Successionskrieg, und dann jener von Kayser

Brief.

Karl dem Siebenden, haben diesem Haus Wunden geschlagen, die es hätte heilen können, wenn es gegen seinen innerlichen Zustand durch die nämlichen Religionsschimären nicht blind und fühllos wäre gemacht worden. Nun eitern sie aber noch, und stellen dem Beobachter das eckelhafteste Gemählde eines durchaus siechen Staatskörpers dar.

Man glaubte, der vorige Kurfürst hätte während seiner langen und stillen Regierung den grösten Theil der Staatsschulden abgetragen, aber beym Antritt des jetzigen Fürsten fand man sich in seiner Erwartung sehr betrogen. Etwas von den ältesten Foderungen war zwar getilgt; aber es wurden dagegen wieder sehr viele neuen Anleihn gemacht. Der Fürst hatte platterdings keinen Begrif von seinen Finanzen, sondern gab sie seinen eigennützigen Bedienten preis, und war zufrieden, wenn seine kostbaren Jagden konnten bestritten werden, und der jetzige Hof scheint auch nicht geneigt zu seyn, den ungeheuern Aufwand für seine Opern u. gl. m. wegen seiner Schulden einzuschränken, die sich doch beynahe auf 30 Millionen Gulden belaufen sollen.

Mit Schauern sah ich auf meinen Auswandrungen von hier die Spuren der schrecklichen

Kriegsverheerungen auf dem Lande. Ausser der Hauptstadt ist in dem ganzen grossen Bayern kein erhebliches Städtchen aufzufinden; denn du kannst nicht glauben, was das Landsberg, das Wasserburg, das Landshut und viele andre, die auf den Landkarten als Städte paradieren, für elende Nester sind. Nach aller Wahrscheinlichkeit hat weder Ingolstadt, noch Straubingen, noch irgend eine der grössern Städte nach München über 4000 Seelen; und solcher Landstädte zählt man in allem nur 40, da Sachsen nach den öffentlichen Nachrichten gegen 220 zählt, ob es schon um nichts grösser ist als Bayern. Ueberall fällt einem die Armuth an Menschen auf, und überall herrscht noch die Liederlichkeit unter dem Volk, womit die kriegenden Armeen eine Provinz anzustecken pflegen. Die Bierbrauer, Wirthe und Bäcker ausgenommen, suchst du im ganzen Lande einen reichen Bürger umsonst. Du findest keine Spur von Industrie, weder unter den Bürgern, noch den Bauern. Der Müßiggang und die Betteley scheinen durchaus für den glücklichsten Zustand des Menschen gehalten zu werden.

Abgezogen, was nicht zu dem Kreis gehört, ist Schwaben ohngefähr so groß, als das Herzogthum Bayern samt der Oberpfalz, und beyde haben ohngefähr 729 Quadratmeilen; denn das, was Bayern durch den Teschner Frieden verlor, ward durch die Vereinigung der Fürstenthümer Neuburg und Sulzbach beynahe wieder ersetzt. Die schwäbischen Kreislande zählen aber wenigstens 1600000 Menschen, da man in Bayern bey einer Zählung unlängst nicht über 1180000 Seelen fand.

Der südliche Theil dieses Landes ist sehr bergigt, aber doch zum Ackerbau so unbequem nicht, als er gemeiniglich in Geographien beschrieben wird. Viele Thäler dieser grossen Bergmasse haben den vortreflichsten Boden, und in einem Winkel derselben hat ein aufgeklärter und fleißiger Landwirth, der einzige den ich von seiner Art finden konnte, den gesäeten Waitzen 16 mal geerndtet. Der Strich von der Hauptstadt bis zur Donau und zum Inn ist aber durchaus das beste Ackerland, welches von verschiedenen Reihen waldigter Hügel hie und da unterbrochen wird. Die Oberpfalz samt dem jenseits der Donau gelegenen Theil des Herzogthums Bayern ist ein fast ganz zusammenhängender Berghaufen, der sich allmählich von der Donau an bis zum Fichtelberg und dem böhmischen Gebirge erhebt, aber doch auch eines starken Anbaues fähig ist.

Ein ansehnlicher Theil dieses von der Natur so begünstigten Landes liegt seit den ehemaligen Kriegen wüste. Ich sah verschiedene grosse Striche, welche die Einwohner Moos nennen, die aber so locker und sumpfigt nicht sind, als die Torf- und Moorgründe in Holland und andern Ländern. Man sieht auf vielen derselben noch die alten Furchen, und hat Beweise in Ueberfluß, daß sie angebaut waren, und leicht wieder gebaut werden könnten. Ein andrer Theil von Bayern wird noch von überflüßigem und finsterm Gehölze bedeckt, und ein dritter liegt immer unnöthiger weise brach. Es ist mehr als wahrscheinlich, daß das ganze Land kaum zur Hälfte recht gebaut ist.

Die Bauern theilen sich in 4 Klassen; in ganze, halbe und viertels Bauern und in die sogenannten Häusler. Die ganzen Bauern pflügen mit 8 Pferden, und heissen Einsiedler, weil ihre Höfe weit von Dörfern entlegen sind. Viele dieser Höfe beherrschen ein Bezirke von mehr als einer halben Stund in die Länge und Breite, und die Besitzer derselben haben oft wohl 12 bis 15 Pferde zu ihrem Feldbau nöthig. Solcher Einöden sollen in allem 40000 seyn — Ein halber Bauer pflügt mit 4 und ein Viertelsbauer mit 2 Pferden. Die Häusler sind

Taglöhner für die andern, und bauen allenfalls ihr bisgen Eigenthum mit fremdem Vieh.

Von der Zahl der Pflüge läßt es sich hier gar nicht auf die Grösse der Bauerngüter schliessen. Die besten Felder bleiben oft 4 bis 6 und mehrere Jahr brach liegen, so wie es die hergebrchte Gewohnheit, die Gemächlichkeit oder der Eigensinn des Besitzers für gut befindet. Da man keine Begriffe vom Wiesenbau und von der Stallfütterung hat, so entschnldigt man diese schlechte Wirthschaft mit dem Mangel an Dünger — Mein guter Freund, mit dem ich so viel über den bayrischen Krieg zu streiten hatte, nahm sich auch hier mit aller Wärme seiner Landsleuthe an. Er behauptete, der Ackerbau könnte in seinem Vaterlande unmöglich besser bestellt seyn, weil die innere Konsumtion und der Preis des Getraides zu geringe und keine Wege zu einer stärkern Ausfuhr zu öfnen wären, und die innere Konsumtion könnte nicht wohl durch Manufakturen vermehrt werden, weil Bayerns Flüsse alle nach Oestreich stössen, es mit den Erblanden dieses Hauses in Kunstprodukten nie konkurriren könnte, und der Absaz auf den andern Seiten wegen Mangel an

schiffbaren Flüssen erschwert wäre* — Welche
Sophistereÿ um die Trägheit und Liederlichkeit
seiner Landsleuthe zu bemänteln! Es wäre
schlimm, wenn zur Aufnahme der Fabriken
schiffbare Flüsse unumgänglich nöthig wären.
Der größte Theil der Schweitzer Manufakturen
wird auf der Are verführt; denn das, was Helvetien durch den Rhein absetzt, läßt sich mit der
Menge Waaren nicht vergleichen, die über Lande nach Frankfurt, Leipzig u. s. w. durch den
ganzen Norden, und die Kreutz und Quere durch
Frankreich und Italien verführt wird. Aber
Bayern soll noch gar nichts an Fremde absetzen.
Nach den Regeln einer ordentlichen Oekonomie
muß man erst sehen, was zu ersparen sey, ehe
man Bedacht darauf nimmt, wo etwas von
Fremden zu gewinnen stehe. Das Ersparen ist
schon Gewinn, und der sicherste Gewinn. Wie
viel Geld läßt dieses Land nicht für Tücher,
Wollenzeuge, Leinwand, Lein- und Rüböhl, Tobak, Leder und fast unzählige Artickel ausfliessen,
zu deren Zubereitung ihm die Natur selbst alle
Mittel dargebothen hat? Wie viel könnte das-

---

* Die nämlichen seichten Gründe werden in einer bayrischen Monathschrift zur Entschuldigung des
Mangels an Industrie in diesem Lande gebraucht.
D. U.

durch erspart, wie viele Menschen damit beschäftigt, wie sehr die innere Konsumtion des Getraides vermehrt und der Ackerbau befördert werden.

Aber der Hof und das Volk sind gegen ihren eignen wahren Vortheil mit Blindheit geschlagen — Seit mehrern Jahren erhob sich in Deutschland ein schreckliches Geschrey von Bevölkerung, Manufakturen und Industrie. Das Geschrey drang zu den Ohren des hiesigen Hofes, und er fieng auch an einen Beschützer des Kunstfleisses zu affektiren. Ohne die Natur um Rath zu fragen, ohne zu untersuchen, welche Kunstprodukten die gemeinnützigsten seyen und durch welche das meiste Geld im Lande erhalten werden könnte, suchte man bloß diejenigen in Aufnahme zu bringen, die am meisten Aufsehens machten und auf der Liste des Luxus oben an stehen. Bey der unbeschreiblichen Armuth an so vielen bringendsten Bedürfnissen legte man Porzellánfabricken an, die der Hof als eine Lotterie für das Volk betrachtet und nur durch mancherley Kniffe und Pfiffe im Gang erhalten kann. Man errichtete Manufakturen von Tapeten, reichen Stoffen, und Seidenzeugen, und ersparte dem Lande wenigstens das Geld für die Meßgewänder der Pfaffen und die Gallakleider

der Münchner Damen, während daß sich der gröste Theil der Bürger und Bauern mit fremdem Tuch kleiden muß.

Man darf sich nur mit dem hiesigen Mauthwesen bekannt machen, wenn man sich überzeugen will, daß man hier die wahren Grundsäze der Staatswirthschaft gar nicht kennt. Als die aufgeklärte östreichische Regierung ihre Mauthen nach den Regeln einer klugen Oekonomie einrichtete, freuten sich die hiesigen Kammeralisten, durch das Beyspiel Oestreichs ein Mittel gefunden zu haben, die fürstlichen Einkünfte um ein ansehnliches zu vermehren. Man äffte das östreichische Mauthsistem nach, wußte aber nicht, daß Auflagen auf die einzuführende fremde Waaren nichts anders als Strafen sind, und die Verminderung des Ertrags derselben einer klugen Regierung so angenehm seyn muß, als die Vermindrung der Strafgefälle von den Gerichtsstuben. Das östreichische Mauthsistem hieng mit dem grossen Plan zusammen, mit allen Kräften daran zu arbeiten, daß die Einfuhr fremder Waaren samt den Mauthen selbst durch seinen innern Kunstfleiß so viel als möglich vernichtet, und die Konsumtion der entbehrlichsten Artickel des Luxus, die man vom Auslande beziehet, durch die Vertheurung verringert würde.

Aber hier, anstatt die Mauthregister nach dem Beyspiel Oestreichs zur Richtschnur zu gebrauchen, wie der innere Kunstfleiß aufzumuntern und zur Bearbeitung der Artikel, die das meiste Geld aus dem Lande ziehen, zu lenken sey, hier betrachtet man die Mauthen als eine ergiebige Quelle, deren Ausfluß eher befördert als gestopft werden müsse!

Ich hätte dich mit diesen Punkten des statswirthschaftlichen ABEs nicht so lange ennuyirt, wenn ich dir nicht einigermaassen im Detail hätte zeigen müssen, daß man nicht einmal dieses hier versteht.   Leb wohl.

XI.

München.

Ein Gemählde von bayrischen Karaktern und Sitten von Hogarths Hand müßte äusserst interessant seyn. In England sind die Extremen zwar auch nicht selten; aber Karrikaturen, wie sie Bayern liefert, übertreffen alles, was man von der Art sehen kann. Du weißt, ich bin kein

Maler, und wenn ich dir das Eigenthümliche des Bayern in der Abstraktion gebe, so kann es natürlich das Leben nicht haben, welches ihm Hogarth in einer Gruppe oder Shakespear in einem dramatischen Auftritt geben könnte. Doch ich will versuchen, was ich kann.

Um methodisch zu verfahren — denn du glaubst nicht, wie sich in allen Dingen eine verwünschte Methode an mich hängt, seitdem ich deutsche Luft athme — so muß ich dir erst den Körper des Bayern voranatomisiren, ehe ich zur Zergliederung seines geistigen Wesens schreite. — Im Ganzen ist der Bayer stark am Leibe, nervigt und fleischigt. Man findet sehr viele schlanke und wohlgebaute Männer, die man in jedem Betracht schön heissen kann. Die rothen Backen sind unter dem hiesigen Mannsvolk etwas seltener als in Schwaben, welchen Unterschied vermuthlich der Wein und das Bier verursachen.

Das Eigne eines Bayern ist ein sehr runder Kopf, nur das Kinn ein wenig zugespitzt, ein dicker Bauch, und eine bleiche Gesichtsfarbe. Es giebt mitunter die drolligsten Figuren von der Welt, mit aufgedunsenen Wänsten, kurzen Stampffüssen und schmalen Schultern, worauf ein dicker runder Kopf mit einem kurzen Hals, sehr seltsam sitzt, und in diese Form pflegt gemeiniglich der Bayer zu fallen, wenn er mehr oder weniger Karrikatur seyn soll. Sie sind etwas schwerfällig und plump in ihren Gebehrden, und ihre kleinen Augen verrathen ziemlich viel Schalkheit — Die Weibsleuthe gehören im Durchschnitt gewiß zu den schönsten in der Welt. Sie fallen zwar auch gerne etwas dick ins Fleisch, aber dieses Fleisch übertrift alles, was je ein Maler im Inkarnat geleistet hat. Das reinste Lilienweis ist am gehörigen Ort wie von den Grazien mit Purpur sanft angehaucht. Ich sah Bauernmädchen so zart von Farbe und Fleisch, als wenn die Sonne durchschiene. Sie sind sehr wohlgebaut, und in ihren Gebehrden viel lebhafter und runder als die Mannsleuthe.

In der Hauptstadt kleidet man sich französisch, oder glaubt wenigstens französisch gekleidet zu seyn. Die Männer lieben noch das Gold und die bunten Farben zu viel. Die Kleidung des Landvolks ist abgeschmackt. Der Hauptschmuck der Männer ist ein langer, breiter, oft sehr seltsam gestickter Hosenträger, woran die Beinkleider sehr tief und nachläßig hangen, vermuthlich um dem Bauch, welcher der Haupttheil eines Bayern ist, sein freyes Spiel zu lassen. Die Weibsleuthe verunstalten sich mit ihren

Schnürbrüsten, welche grade die Form eines Trichters haben, hoch über die Brust und Schultern herauf steigen, und oben ganz schnur-eben abgeschnitten sind, so daß man gar keine Wölbung der Achseln und des Halses sieht. Diese steife Schnürbrust ist vorne mit grossen Silberstücken verblecht, und mit dicken Silberketten überladen. Hausmütter, oder die, welche dem Hauswesen vorstehn, tragen ein dickes Gebund Schlüssel und ein Messer an einem Riemen, die fast bis zur Erde reichen.

Was den Karakter und die Sitten der Bayern betrift, so können die Einwohner der Hauptstadt nicht anderst als sehr verschieden von dem Landvolk seyn. Der Karakter der Münchner bliebe für mich ein Räthsel, und wenn ich auch noch viele Jahre hier wäre. Ich glaube mit allem Grund behaupten zu können, daß sie gar keinen Karakter haben — Ihre Sitten sind so verdorben, als sie es in einem Gewirre von 40000 Menschen seyn müssen, die bloß vom Hofe leben, und gröstentheils auf Kosten desselben müßig gehn.

Unter dem grossen Adel giebt es, wie überall, ausgebildete und sehr artige Leuthe; aber überhaupt genommen ist er im ganzen Umfange des Wortes Pöbel, ohne alles Gefühl von Ehre, wenn

wenn nicht ein grosser Titel und Bänder und Sterne ausschließlich Ehre heissen, ohne Erziehung und ohne Thätigkeit für den Staat, ohne alles Gefühl für sein Vaterland, ohne alle Empfindung von Großmuth. Die meisten Häuser, von denen mehrere 15 bis 20 und einige wohl auch 30 bis 40 tausend Gulden Einkünfte haben, wissen von gar keiner andern Verwendung ihres Geldes und von keinem andern Vergnügen, als zu essen, zu trinken, zu h — und zu spielen. Das Spiel hat schon viele gute Häuser hier zu Grunde gerichtet. Das jeztregierende Lieblingsspiel der Hofleuthe heißt Zwicken; seitdem aber der Finanzminister Hombesch die Besoldungen so erschrecklich zwickt, nennen sie es Hombeschen. — Viele Hofdamen kennen ausser dem Bette keine andre Beschäftigung, als mit ihren Papagayen, Hunden und Katzen zu spielen. Eine der vornehmsten Damen, die ich kenne, hält sich einen grossen Saal voll Katzen, und zur Bedienung derselben 2 bis 3 Zofen. Sie bespricht sich halbe Tage weg mit denselben, bedient sie oft selbst mit Kaffe und Zuckerbrod, und putzt sie nach ihrer Phantasie täglich anderst auf.

Der kleine Adel und die eigentlichen Hofbedienten schleppen sich mit einer erbärmlichen

Titelsucht. Ehe der jetzige Kurfürst hieher kam, wimmelte es hier von Exzellenzen, gnädigen und gestrengen Herrn. Das lächerliche der Titulatur fiel dem jetzigen Hof auf, weil sie zu Mannheim nicht üblich war. Es erschien eine Verordnung, welche deutlich bestimmte, wer Exzellenz, Euer Gnaden, und Euer Gestrengen heissen sollte. Die, welche durch diese Verordnung entexzellenzt und entgnädigt wurden, und besonders die Weiber derselben wollten verzweifeln. Zum erstenmal hörte man nun hier über Tyranney klagen, von der man zuvor gar keinen Begriff zu haben schien, und der Hof hätte den gnädigen Herrn ihr Brod, ihre bürgerliche Ehre und ihr Leben nehmen können, ohne sich diesen Vorwurf zuzuziehn.

Der übrige Theil der Einwohner lebt bloß um zu schmaussen und zu h —; Alle Abende ertönen die Strassen von dem Gesumse der Saufgelagen in den unzäligen Schenken, welches hie und da mit einem Hackbrett, einer Leyer oder einer Harfe begleitet ist — Wer nur ein wenig den Herrn machen kann, muß seine Mätresse haben; die übrigen tummeln sich um einen sehr wohlfeilen Preis auf den Gemeinplätzen herum. In diesem Punkt ist es auch auf dem Lande nicht besser — Als im bayrischen Krieg einige Rekrutten zu einem französischen Korps kamen, welches in der Gegend von Augspurg stand, fragte ein Gaskogner einen seiner Landsleuthe, der schon eine Kampagne in Bayern mitgemacht hatte, wie es daselbst um ein gewisses Bedürfniß stünde: O! antwortete dieser, in Bayern findest du das größte Bordel von der Welt. Da zu Augspurg ist der Eingang, und zu Passau die Hinterthüre. — Ich habe die Anekdote von einem alten Offizier, und wenn sie gleich von einem Gaskogner ist, so ist es doch sicher keine Gaskonnade.

Das Landvolk ist äusserst schmutzig. Wenn man sich einige Stunden weit von der Hauptstadt entfernt, sollte man die Höfe der meisten Bauern kaum für Menschenwohnungen halten. Viele haben die Mistlaken vor den Fenstern ihrer Stuben, und müssen auf Brettern über dieselbe in die Thüre gehn. Viel lieber seh' ich die Strohdächer der Landleuthe in verschiedenen Gegenden Frankreichs, als die elenden Hütten der bayrischen Bauern, deren Dächer mit groben Steinen belegt sind, damit die Schindeln nicht vom Wind weggetragen werden. So traurig das auch aussieht, so wohlfeil auch die Nägel im Lande sind, und so oft auch von heftigen Sturmwinden halbe Dächer weggerissen werden, so läßt sich doch auch der reichere Bauer nicht bereden, seine Schindeln ordentlich nageln zu lassen. — Kurz, Liederlichkeit ist der Hauptzug des Bayern, vom Hofe an gerechnet bis in die kleinste Hütte.

Mit dieser grosen Liederlichkeit kontrastirt ein eben so hoher Grad von Bigoterie auf eine seltsame Art. — Ich komme in eine schwarze Bauernschenke, die in ein Gewölke von Tobakrauch eingehüllt ist, und bey deren Eintritt ich von dem Gelärme der Säufer fast betäubt werde. Meine Augen bringen nach und nach durch den dicken Dampf, und da erblike ich mitten unter 15 bis 20 berauschten Kerlen den Pfarrer oder Kaplan des Orts, dessen schwarzer Rock eben so beschmiert ist, als die Kittel seiner geistlichen Kinder. Er hält gleich den übrigen einen Pak Karten in der linken Hand, und schlägt sie mit der rechten einzeln eben so gewaltig, wie die andern, auf den kothigten Tisch, daß die ganze Stube zittert. Ich höre sie die abscheulichsten Schimpfnamen einander beylegen, und glaube sie seyen im heftigsten Streit begriffen. Endlich schliesse ich aus dem Gelächter, welches das Schimpfen und Fluchen bisweilen unterbricht, daß alle die Sauschw— nze, Hundsfw— nze u. dgl. m. eine Art von freundschaftlichen Begrüssungen unter ihnen sind. Nun hat jeder 6 bis 8 Kannen Bier geleert, und sie fodern nach einander vom Wirth einen Schluk Brandtewein, um, wie sie sagen, den Magen zu schliessen. Der gute Humor verläßt sie, und nun seh ich auf allen Gesichtern und in allen Gebehrden ernstlichere Vorbereitungen zu einem Streit. Dieser fängt an auszubrechen. Der Pfarrer oder Kaplan giebt sich vergebens Mühe, um ihn zu unterdrücken. Er flucht und wettert enblich so stark als die andern. Nun pakt der eine einen Krug, um ihn seinem Gegner an den Kopf zu werfen, der andre lüftet die geballte Faust, und der dritte tritt die Beine aus einem Stul, um seinem Feind den Kopf zu zerschlagen. Alles schnaubt nach Blut und Tod. Auf einmal läutet die Abendglocke. „Ave Maria, ihr Sauschwänze,„ schreyt der Pfarrer oder Kaplan; und alle lassen die Werzeuge des Mordes aus den Händen fallen, ziehn die Mützen vom Kopf, falten die Hände, und bethen ihr Ave Maria. (Das erinnerte mich an den Auftritt von Don Quixotte, wo er in der grossen Schlägerey wegen dem Helm Mambrins und dem Eſelsſattel durch die Vorſtellung der Verwirrung im agramantiſchen Lager auf einmal Friede machte —)So wie aber das Gebeth zu Ende iſt, werden ſie alle von der vorigen Wuth wieder ergriffen, die nun um ſo gewaltiger iſt, da ſie auf einen Augenblick aufgehalten worden. Die Krüge und Gläſer fangen an zu fliegen; ich ſehe den Pfarrer oder Kaplan zu ſeiner Sicherheit unter den Tiſch kriechen, und ich ziehe mich in das Schlafzimmer des Wirths zurück.

Aehnliche Auftritte findeſt du auch in den Landſtädten unter den Bürgern, Beamten, Geiſtlichen und Studenten. Alles begrüßt ſich mit Schimpfnamen; alles wetteifert inSaufen, und überall ſteht neben der Kirche eine Schenke und ein B—. Ein braver Student auf der Univerſität zu Ingolſtadt muß einen dicken Dornknippel und den Huth abgekrempt tragen, ſeine 8 bis 10 Maaß Bier in Einem Sitz verſchlucken können, und immer bereit ſeyn, ſich wegen nichts auf das Blut herumzubalgen. Eine Geſellſchaft ſolcher Braven kam daſelbſt auf eine Erfindung, die mit einem Zug den bayriſchen Karakter in ein ſehr helles Licht ſetzt. Sie fanden es ſehr beſchwerlich ¡bey ihren Saufgelagen vom Tiſche aufſtehn zu müſſen, um wieder von ſich zu geben, was sie verschluckt hatten. Der Wirth mußte ihnen also einen Trog unter den langen Tisch anbringen lassen, worinn jeder sein Wasser ließ, ohne sich von der Stelle zu regen — Sehr seltsame moralische Karrikaturen liefern die bayrischen Mädchen. Da wühlt ein Pfaff mit der Hand in einem schönen Busen, der zur Hälfte mit einem Skapulier bedeckt ist. Dort sitzt ein schönes Kind, und hält in der einen Hand den Rosenkranz und in der andern einen Priap. Die fragt dich, ob du von ihrer Religion seyest, denn mit einem Ketzer wolle sich nichts zu schaffen haben. Jene hörst du mitten in der Ausgelassenheit von ihren geistlichen Brüderschaften, ihren gewonnenen und noch zu gewinnenden Ablässen, und ihren Wallfahrten mit der Miene der Frömmigkeit sprechen, daß du ihr ins Gesicht lachen mußt. — Der glänzendste Auftritt von der Art geschah in der berühmten Marienkirche zu Oettingen, wo ein reicher Pfaff vor dem Altar der wunderthätigen Maria in der Nacht eine Jungferschaft eroberte, auf die er schon lange Zeit Jagd gemacht, und die er nicht anderst als auf der Wallfahrt erbeuten konnte.

Mit der Liederlichkeit und Andächteley vereinigt das Landvolk eine gewisse wilde Tapferkeit, die oft sehr blutige Auftritte veranlaßt.

Wenn sie eine Kirchweihe oder sonst eine öffentliche Lustfeyer loben wollen, so sagen sie: Da giengs lustig zu; es sind 4 oder 6 todt oder zu Krippel geschlagen worden; und wenn es ohne Mord und Blut abläuft, so heißt das Fest eine Lumperey. — Im vorigen Jahrhundert und noch zu Anfang des jetzigen behaupteten die Bayern den Ruhm der besten deutschen Truppen. In der berühmten Schlacht bey Höchstädt standen sie noch und hielten sich für Sieger, als Ihr Kurfürst, der an ihrer Spitze stand, die Nachricht bekam, daß die Franzosen auf dem andern Flügel geschlagen wären. Unter Tilly und Mercy haben sie Wunder gethan. Aber seit dem sich die Kriegszucht so sehr geändert hat, sind sie keine Soldaten mehr. Kein Volk kann mehr Abscheu gegen alles haben, was Zucht und Ordnung heißt, als die Bayern. Zu Partheygängern, denen das Rauben, Plündern und alle Ausschweifungen mehr erlaubt sind, als den regulirten Truppen, mögen sie noch vortreflich seyn. Es ziehn wirklich gegen 1000 Pursche in verschiedenen Räuberbanden im Lande herum, die ohne Zweifel im Krieg ein sehr gutes Streifkorps seyn würden. Man hat Beyspiele, daß sich einige mit ihren kühnen Anführern bis auf den letzten Mann gegen das Militär vertheidigt

Brief.

haben. Aber auch der ärmste Bauersjunge hält es für eine grosse Strafe, wenn er unter die regulirten Truppen seines Fürsten gezogen wird.

(Dagegen sind die Einwohner der Hauptstadt das weichste, furchtsamste, und kriechendste Volk von der Welt, ohne alle Schnellkraft, und die oft ins grobe fallende Freymüthigkeit, welche noch der schönste Zug im Karakter des Landvolks ist, sucht man in der Stadt umsonst. Als die Münchner unter der vorigen Regierung zu den Füssen eines despotischen Ministers krochen, und nur allenfalls im Dunkeln zu murren sich getrauten, äusserte das Landvolk sein Mißvergnügen mit einer Freyheit, die für den Despoten fast sehr schlimme Folgen gehabt hätte. Nur die unbegränzte und unbeschreibliche Liebe der Bauern zu ihrem Fürsten konnte sie dazu bewegen, daß sie auf einen Befehl des Jägermeisters die Zäune ihrer Felder niederrissen, um das Wild darauf waiden zu lassen. Mit Entzücken sprachen sie von den guten Eigenschaften ihres Herrn; vergassen aber seine Fehler nicht, sondern suchten sie zu entschuldigen, und warfen ohne alle Zurückhaltung den schwersten Fluch auf die Bedienten desselben, und so gaben sie jedem Fremden ein treues Gemählde des Hofes, während daß die Tyrannen des Landes von den

Einwohnern der Stadt in Zueignungsschriften von Büchern, in Gedichten uud öffentlichen Unterredungen zum Himmel erhoben wurden — Auch die jetzige Regierung und den Hof hörst du vom Landvolk viel richtiger beurtheilen, als von den Stadtleuthen. Ich könnte weder vom Fürsten noch seinen Bedienten die geringste Nachricht einziehn, wenn ich nicht mit einigen fremden Künstlern bekannt wäre, die zum Hofe gehören, und sich um den Zustand desselben mehr interessiren, als die Eingebohrnen, die bey ihren Bierkrügen eilfe grad seyn lassen. In Paris kennt jeder Schuhputzer alle Grossen des Hofes; interessirt sich um ihr Privatleben so gut, als um ihr politisches, und lobt oder tadelt sie nach seinen Einsichten. Aber hier kannst du zu sehr vielen Hofräthen und Sekretären kommen, welche von den Grossen ihres Hofes platterdings nichts als den Namen kennen. leb wohl.

XII.

München ——

Du haſt Recht, daß ſich der hieſige Hof ſehr wichtig machen könnte, wenn er von ſeinen Kräften Gebrauch zu machen wüßte. Er kann ſich mit dem König von Dänemark meſſen, und Schwedens Macht iſt nicht viel anſehnlicher als ſeine. Wenn man die Lappländer und die übrige faſt ganz unbrauchbare Menſchen von der Summe der Unterthanen dieſer nordiſchen Mächte abzieht, ſo werden ſie an Mannſchaft vor dem hieſigen Hof wenig voraus haben. Bayern hat 1180000, die Pfalz am Rhein 280000, und die Herzogthümer Jülich und Berg zählen ohngefähr 260000 Menſchen. Die Zahl der ſämtlichen Unterthanen des hieſigen Hofes beträgt alſo ohngefähr 1720000. In einigen öffentlichen Blättern wird ſie nur auf etliche und 1400 tauſend angegeben; aber ohne Zweifel ſind die Unterthanen in den weſtphäliſchen Staaten des Kurfürſten in dieſer Summe nicht mitbegriffen.

Ueber die Einkünfte des Hofes iſt man weder hier noch in den öffentlichen Nachrichten einig. Der sehr fleißige und in den meisten Stücken sehr richtige Herr Büsching sagt in der neuesten Ausgabe seiner vortreflichen Erdbeschreibung; er habe von guter Hand, die Einkünfte aus Bayern beliefen sich auf 8 Millionen rheinische Gulden. Dieses stimmt mit der mäsigsten Angabe der hiesigen Hofleuthe überein. Ich habe dir aber in meinem letzten Brief gesagt, daß sehr wenige derselben mit dem Zustand des Hofes bekannt sind. Ich bemerkte auch, daß alle aus einer dummen Praserey die Summe der Einkünfte zu vergrössern suchten. Leuthe, die allem Anschein nach die Sache genau wissen konnten, wollten mich bereden, der Hof habe 12 bis 16 Millionen Gulden jährlicher Einkünfte. Ich sah, daß es unmöglich war, anderst hinter die Wahrheit zu kommen, als wenn ich mich an den gehörigen Orten theilweise um den Zustand der Finanzen erkundigte, und so brachte ich nach langem Forschen mit ziemlich viel Gewißheit heraus, daß die sämtlichen Einkünfte aus den Steuern, Zöllen, Akzisen, Domänen, Forsten, Bergwerken u. s. w. kaum 5 Millionen Gulden betrügen. In dieser Summe ist einer der wichtigsten Artickeln, der Handel mit dem salzburgischen und Reichenhaller Salz nicht mitbegriffen. Dieser wird von einigen auf 2 Millionen gesetzt; aber höchst wahrscheinlich beläuft er sich nicht über 1 Million Gulden. Man kann also die sämtlichen Einkünfte von Bayern am sichersten auf 6 Millionen Gulden setzen.— Die Einkünfte aus der Pfalz am Rhein belaufen sich ohngefehr auf 1700000, und die aus den westphälischen Landen auf 1500000 Gulden; so daß der Hof in allem jährlich ohngefehr 9200000 Gulden, oder 20 Millionen Livres aus seinen Staaten zieht.— Du siehst daß die Einkünfte der Rheinlande des Kurfürsten etwas mehr als die Hälfte des Einkommens aus Bayern betragen, obschon die Zahl der Einwohner derselben nicht gar die Hälfte der Einwohner Bayerns ausmacht; aber sowohl dieser Unterschied, als auch jener, den der einträgliche bayrische Salzhandel verursacht, wird durch die bessere Benutzung besagter Lande, durch den fleißigern Anbau, durch die grössern Auflagen, durch das lebhaftere Gewerbe der Einwohner, besonders jener in den westphälischen Staaten, und durch die sehr einträglichen Wasser- und Landzölle überwiegend gehoben.

Wäre Bayern nach dem Verhältniß seiner Grösse so gut bevölkert und gebaut, als die mit ihm verknüpften Rheinlande, so müßte es 3 bis 4 Millionen Gulden mehr eintragen. Ich habe dir schon gesagt, daß es 729 Quadratmeilen enthält. Der Umfang der Rheinpfalz und der Herzogthümer Jülich und Berg zusammengenommen beträgt kaum 240 Quadratmeilen, und ob er gleich noch nicht den dritten Theil der Grösse Bayerns ausmacht, so zählt er doch beynahe halb so viel Einwohner, und wirft mehr dann halb so viel ab als Bayern.

Diesen Unterschied macht hauptsächlich das unselige Mönchswesen, welches der stärkern Bevölkerung, und bessern Aufklärung, dem Kunstfleiß und dem Anbau der Ländereyen in Bayern überall im Weg steht. Dieses Land mästet ohngefähr 5000 Mönche in 200 Klöstern, deren verschiedene 30 bis 40=tausend Gulden Einkünfte haben. Das Kloster Niederalteich soll jährlich über 100000 Gulden verschlingen. Ohne zu übertreiben kann man alle Einkünfte der Stifter und Klöster dieses Landes auf ohngefähr 2 Millionen Gulden schätzen, welches ein Drittheil von dem Einkommen des Hofes ist.

Der Schaden, welchen die Möncherey in bem Lande anrichtet, ist auf den grössern Bauernhöfen, in den sogenannten Einöden am sichtbarsten. Um die Söhne dieser grossen Bauern bewerben sich die Klöster am meisten, weil sie mit jedem 1, 2, 3 und mehrere tausend Gulden erhaschen. Dadurch wird zum grossen Nachtheil des Staates die Vertheilung dieser weitläufigen Ländereyen gehindert, die wegen ihrer Grösse immer nur zur Hälfte recht gebaut werden. An den Söhnen der ärmern Landleuthe, welche in die Klöster gehn, verliert der Staat wohl auch etwas; aber bey der jetzigen Verfassung könnten diese armen Studenten doch weiter nichts als Soldaten, müßige Schreiber oder Komödianten werden. — Der Hang zum Müßiggehn, zum Schmaussen und zur Bettelen, welcher durch ganz Bayern herrscht, wird durch das Beyspiel der fetten Mönche erhalten und geheiligt. Das Volk beneidet sie durchaus um ihren seligen Müßiggang — Die Gauckeleyen, die Bruderschaften, Kirchenfeste und Winkelandachten dieser heiligen Marktschreyer beschäftigen den grossen Haufen so sehr, daß er den dritten Theil seiner Zeit an sie verschwendet — Ihr Interesse räth ihnen, das Volk in dem Grad von Dummheit zu erhalten, der zu ihrem Gedeihen nöthig ist, und deßwegen liegen sie immer gegen alles was gesunde Vernunft und Aufklärung heißt, mit einer unbeschreiblichen Wuth zu Felde. Ihnen allein hat man die entsetzliche Verwilderung der Sitten in Bayern zu verdanken. Sie haben ihre Kapuzen zum Wesen des Kristenthums und der ganzen Moral gemacht. Sie predigen nichts, als die ihnen sehr einträgliche Messe, den Rosenkranz, das Skapulier und die lächerlichen Leibskasteyungen, wodurch sich so mancher Dummkopf den Namen eines Heiligen erworben hat. Der betrogne Landmann glaubt mit der Beicht und einer Messe um 30 Kreutzer die gröbste Sünde tilgen zu können, und hält das sinnlose Bethen des Rosenkranzes für seine wesentlichste Pflicht.

So beträchtlich die Anzahl der Mönche, so gering ist jene der Landpriester, die doch das meiste zur sittlichen Bildung des Volks beytragen könnten und sollten, und diese werden von dem grossen Haufen in seinen Begriffen weit unter die Mönche gesetzt, weil ihre Kleidung und ihr Betragen nicht so seltsam ist, als jenes der Mönche. Aber, so wie die Landpriester überhaupt in Bayern wirklich beschaffen sind, verdienen sie auch nicht mehr Achtung als die Mönche. Die meisten unterscheiden sich vom Bauern platterdings durchs nichts, als die schwarze Farbe ihrer Kleider, eine kostbarere Tafel, und eine schönere und besser gekleidete Haushälterin. Im übrigen sind sie eben so liederlich, ungezogen

gezogen und unwissend. — Es giebt Pfarreyen von 3 bis 4 Stunden in die Länge und Breite, und von 4 bis 6=tausend Gulden Einkünften. Wie nützlich wäre es dem Lande, wenn solche Pfarreyen in 5 bis 6 kleinere zerstückt, und mit einer bessern Zucht von geistlichen Hirten besetzt würden! Man müßte aber zugleich den Mönchen verbiethen, sich in die Seelsorge einzumischen, oder, welches wohl das rathsamste wäre, aber unter der jetzigen Regierung nicht zu erwarten ist, man müßte sie mit Stumpf und Stiel zu vertilgen suchen.

Wenn man die Güter der Klöster einzöge, wie denn die meisten ehedem Landesfürstliche Domänen waren, die in melankolischen Stunden, worinn die Fürsten Vormünder nöthig hatten, verschenkt wurden, und wenn man alle Fremde ohne Unterschied der Religion unter annehmlichen Bedingungen zum Kauf derselben zuliesse, so könnten die Staatsschulden in sehr kurzer Zeit getilgt werden, und das Land würde gar bald eine ganz andre Gestalt gewinnen. Aber Karl Theodor ist von diesem Entschluß so weit entfernt, und kennt sein eignes Interesse und das seiner Staaten so wohl, daß er in der Rheinpfalz ein neues Nonnenkloster stiftet, und die Güter der Exjesuiten einer andern Art Mönche, den Maltheserrittern, schenkt. Was sagte man von dem Privatmann der voll Schulden wäre, und noch Vermächtnisse in die Kirche machte? — Doch hier ist das Räsonniren sehr übel angebracht.

Die schädliche Grösse vieler Bauerngüter in Bayern brachte mich auf eine Betrachtung, die wohl verdiente, von einem grössern Politiker, als ich bin, etwas genauer erwogen zu werden — Ich theile die freyen Bauern in 3 Klassen; 1) in die, deren Güter zu klein sind, um davon leben zu können, und die noch andern dienen müssen, um ihren völligen Unterhalt zu gewinnen. 2) in solche, welche von ihrem Eigenthum hinlänglich bestehn können, und 3) in die, welche mehr besitzen, als zum gemächlichen Unterhalt einer Familie nöthig ist, und die man eigentlich mehr oder weniger reiche Bauern nennt — Beym ersten Anblick scheint das Steuern der Güter nach der Schatzung einzelner Grundstücke und gewissen Prozenten sehr billig angelegt zu seyn. Kauft der Bauer ein neues Grundstück, so steuert er nach der Schatzung desselben sein gewisses Prozent, und so steigen seine Abgaben verhältnismäßig mit der Zahl der Morgen Landes, die er besitzt — Bey genauer Untersuchung finde ich aber, daß es ein grosser staatistischer Rechnungsfehler ist, wenn der Bauer, der zu seinem Unterhalt nicht genug besitzt, verhältnißmäßig eben so viel von seinem Gut zahlen soll, als der, welcher von seinen Besitzungen sein gemächliches Auskommen hat, und wenn dieser jenem, der übermäßig reich ist, in den Prozenten von den Grundstücken gleich gehalten wird. — Es ist ein politisches Axiom, daß 3 oder 4 wohlhabende Bürger einem Staat viel schätzbarer seyn müssen, als Ein reicher, wenn auch das Kapital des letztern das Vermögen der erstern weit überwiegen sollte. Eine ganz gleiche Vertheilung der Güter und des Geldes iu einem Staat, wenn sie möglich wäre, würde Raserey seyn; aber in der Ueberzeugung, daß sie platterdings unmöglich ist, muß jeder kluge Regent doch immer so handeln, als wenn sie möglich wäre. Die unglücklichsten Staaten sind die, worinn zu grosser Reichthum mit zu tiefer Armuth der einzeln Glieder zusammen absticht. Es kann nicht lange dauern, so muß ein Theil der Einwohner derselben Despoten und der andre Sklaven seyn. Wahre freye Leuthe werden von einem solchen Staat wie von einer tobenden Gährung ausgeworfen oder verzehrt — Ein übermäßig reicher Bauer verschlingt nach und nach alle Armen in seinem Bezirke. Er leiht Gelder auf die Grundstücke der Aermern, benutzt die Misjahre, um ein Gütchen vom Nachbar wohlfeil zu erschnappen, und wenn er kein ehrlicher Mann ist, so kann er sich noch durch unzälige Kniffe in Besitz eines für ihn wohlgelegenen Stück Landes setzen. In einigen republikanischen Staaten sah ich mit Entsetzen, wie einige reiche Bauern auf die Art eine ganze Gemeinde zu Grunde richten, und die Tyrannen ihrer Mitbürger werden können. In monarchischen Staaten ist das Uebel so groß nicht; aber doch immer beträchtlich genug, um mit allen Kräften dagegen zu arbeiten.

Man erwäge die Vortheile, die ein reicher Bauer von einem und dem nämlichen Grundstücke im Vergleich mit einem mittelmäßigen oder armen ziehen kann. Der Arme muß den Ertrag desselben so bald als möglich und gemeiniglich unter dem Preis verkaufen, weil ihn seine Gläubiger drängen. Der mittelmäßige kann auch nicht lange aufspeichern, weil er Gefahr liefe, Geld leihen, und durch die Interessen das wieder verliehren zu müssen, was er durch das Aufspeichern vielleicht gewinnen könnte. Aber der Reiche macht seine Spekulationen, und selten schlägt er um den Preis los, worum die andern ihren Schweiß verkaufen müssen. Er kauft in der Gegend von den kleinern das Getraide auf, oder er hat ihnen vor der Erndte Geld vorgeschossen, und sie müssen es ihm um den Preis lassen, den er selbst setzt, und so vertheurt er selbst zu seinem Vortheil das Getraide in seinem Bezirke — Bey einer Ueberschwemmung, bey einem Hagelwetter bleibt dem geringern Bauern oft nicht die Saat auf das künftige Jahr übrig. Das Stück Landes liegt brach, und wenn es der Reiche besitzt, wird es nun mit zwey-dreyfachem Gewinn gebaut, und so wird dieser auf Kosten des Armen und auf Kosten des Staates immer reicher, bis endlich, nachdem er zum grossen Nachtheil der Bevölkerung ein Dutzend kleine Bauern verschlungen, sein Herr Sohn, der unterdessen studieren mußte, kein Bauer mehr seyn will, sich in die Stadt setzt, sein Gut verpachtet, und dem Staat einen Müssiggänger mehr liefert.

Sollte der reiche nicht für alle diese Vortheile, die er von dem nämlichen Grundstücke zieht, das sein ärmerer Nachbar so gut als er besitzen kann, dem Staat etwas mehr entrichten? Kann der Staat gleichgültig dabey seyn, wenn die zahlreichste und nützlichste Klasse des Volks sich zum Theil unter sich selbst aufreibt, und ein reicher Bauer bey einer Vergrösserung seiner Ländereyen einen Eigenthumsherrn zu einem Taglöhner macht?

Ich finde es höchst billig, daß in der Anlage der Steuer auf die Verschiedenheit der Bauern Rücksicht genommen werde. Der arme soll nach dem Verhältniß von einem Grundstück nicht so viel zahlen, als der wohlhabende, und dieser nicht so viel als der reiche. Der Staat muß es dem erstern zu erleichtern suchen, wohlhabend zu werden, und dem letztern wehren, sich zum Nachtheil der Bevölkerung noch mehr zu vergrössern. Ich würde also in meiner Republik, die noch ungebildet als Chaos im unendlichen leeren Raum schwimmt, ohngefähr ein Mittel bestimmen, und in der Steueranlage die Prozente im Verhältniß so steigen lassen, je weiter das Vermögen an Grundstücken eines einzeln Bauers über dieses Mittel hinaufgeht, oder unter dasselbe fällt — Z. B. In meiner Republik wäre ein wohlhabender Bauer der, welcher 30 bis 50 Morgen Landes, oder kürzer für 3 bis 5 tausend Gulden Güter besitzt. Nun sollte jeder der unter 3000 Gulden Vermögen hat, ein Prozent, der welcher zwischen den 3 und 5 bis 6 tausenden schwebt, zwey, jener welcher mehr besitzt drey, und wer doppelt so viel besitzt, vier Prozent von dem bezahlen, was über das Mittel hinaufsteigt. Beym Ankauf eines Grundstückes hätte dann der arme gegen den wohlhabenden und dieser gegen den reichen einen sehr billigen Vortheil. Es ist wahr, es gäbe meinen Beamten etwas mehr zu rechnen, und es müßte mit den Urbarien etwas seltsam umgesprungen werden; aber dafür laß mich nur sorgen, wenn ich erst einmal meinen Staat auf sicherm Grund und Boden habe.

Um also wieder auf unser Bayern* zu kommen, so wirst du dir ziemlich deutlich vorstellen können, wie wenig es das noch ist, was es seyn könnte. Wären die Schulden getilgt, so könnte der Kurfürst nach der Zahl seiner Unterthanen und seinen Einkünften leicht 40 bis 45 tausend Mann auf den Beinen halten, und wäre dieser

---

* Die vielen Projekte, die der Herr Verfasser über Bayern gemacht hat, geben ihm wohl das Recht, das von ihm umgeschaffene Bayern sein zu heissen. Aber so wie es wirklich ist — In den vierziger Jahren brauchte ein östreichischer General auch öfters den Ausdruck: nôtre Baviere. Ein französischer Officier, der wegen Auswechslung der Gefangenen mit ihm unterhandeln sollte, hörte lange zu; und sagte endlich: Monsieur, nous avons une Chanson dont le refrein est: *Quand j'ai bien bu, toute la terre est à moi* — Der östreichische General liebte den Trunk sehr. Vielleicht war der Verfasser hier auch etwas mehr erleuchtet, als er seyn sollte. D. U.

Theil seiner Besitzungen so angebaut, wie seine Rheinlande, so könnte er wohl eine Armee von 60000 Mann unterhalten, und sich von den mächtigsten Häusern sehr viel Hochachtung verschaffen Wenn sein Nachfolger zur Regierung kömmt, so wird das Ganze durch das Herzogthum Zweybrücken um ein Beträchtliches vermehrt, und vielleicht wird dann auch die Wirthschaft besser.

leb wohl.

XIII.

Salzburg ——

Der Weg von München hieher ist sehr traurig. Er geht durch eine ungeheure Ebne, die nur hie und da von kleinen Anhöhen unterbrochen wird. Das viele Schwarzholz, die elenden, dünn zerstreuten Bauernhütten, der Mangel an Städten, die Unsicherheit vor Räubern, alles macht einen so viel als möglich aus Bayern hinaus eilen. Auf dem langen Wege von 17 deutschen Meilen sieht man keinen nennenswürdigen Ort, als das schwarze Wasserburg in seinem tiefen Loch zwischen öden Sandhügeln, wodurch sich der Inn krümmt, und zwischen denen er eine Erdzunge bildet, worauf der Ort sehr seltsam sitzt.

An der Salzburgischen Gränze wird es besser. Die Aussichten sind mannichfaltiger, die Wohnungen der Bauern reinlicher und lebhafter von Aussehn, und das Land ist viel besser gebaut — Ohngefehr eine Stunde vor dieser Stadt stellte sich einer der schönsten Prospekte dar, die ich je gesehen. Er bildet ein ungeheures Amphitheater; im Hintergrund erheben nackte Felsen ihre trotzigen Häupter zum Himmel empor. Einige derselben, die etwas zur Seite stehn, haben die Gestalt von Pyramiden. Diese abentheurliche Bergmasse verliert sich stufenweis in waldigte Berge, und dann zu beyden Seiten her in schöne, zum Theil wohl angebaute Hügel. Mitten auf dem Grund dieser Bühne liegt die Stadt, über welche das Schloß auf einem hohen Felsen emporragt. Der Salzafluß giebt der ohnehin so mannichfaltigen Landschaft noch mehr Leben. Hie und da breitet er sich ziemlich aus, seine Ufer sind an manchen Orten mit schönen Parthieen Gehölze beschattet.

Mit der einförmigen und öden Gegend um München sticht die Lage dieser Stadt ungemein ab. Sie ist äusserst sonderbar, und ein bewundernswürdiges Spiel der Natur und Kunst. Der Strom theilt sie in zwey ungleiche Theile. Auf der Westseite desselben, worauf der grössere Theil der Stadt liegt, erhebt sich aus einer weiten Ebene ein hoher, runder, steiler und harter Fels, der das Schloß wie eine Krone trägt. Vom Fuß dieses Felsen zieht sich längst dem Strom herab, in einer geringen Entfernung von demselben, um diesen Theil der Stadt her ein langer Berg von vestem Sandstein, der sowohl von innen als aussen senkrecht wie eine Mauer abgehauen und einige hundert Fuß hoch ist. Auf diesem natürlichen Wall, der weit über die hohen Häuser der Stadt emporragt, steht ein starkes Gehölze und es liegen verschiedne Landgüter darauf. Man hat an einem Ort, wo er gegen 60 Schritte breit ist, ein schönes Thor durchgehauen. Auf der andern Seite des Flusses steht der abentheuerlichste Fels den man sehen mag. Er kehrt gegen eine schöne Ebene abwärts des Stromes eine von der Natur abgehauene, nackte Wand, die eine halbe Stunde lang, und in der Mitte wohl 500 Fuß hoch ist. Aufwärts des Stromes verliert sich sein behölzter Abhang sanft in eine andre schöne Ebene. Ich kann dir seine sonderbare Lage nicht besser geben, als wenn du die Stadt zum Mittelpunkt eines 2 Stunden langen Diameters, den der Fluß bildet, annimmst, einen halben Zirkel von schönen Bergen gegen Osten herumziehst, und diesen Felsen dann als einen Radius in die Mitte setzest, so daß er zwischen der Stadt und dem Bogen der Berge wie eine Querscheidewand steht, und die Fläche des Halbzirkels in 2 gleiche Theile schneidet. Da wo er dem grössern Theil der Stadt gegen über an den Fluß stößt, liegt der kleinere Theil derselben, und von seiner gegen Norden zu senkrecht abgehauenen, langen Wand ziehn sich die Vestungswerke in einem Viertelzirkel bis an den Fluß herab. Eine einzige, sehr enge Strasse, geht zwischen dem Fluß und seinem Abhang gegen Süden hin.

Die Natur hat in einer wunderlichen Laune dem Strom seinen Weg durch die abgerissenen Felsen angewiesen. Zwischen dem sonderbaken Wall des grösseren Theils der Stadt und den nächsten Bergen gegen Westen ist eine ganz gleiche, 2 Stunden weite und tiefe Ebene, die sich weit über der Stadt hinauf längst dem Fluß hinzieht. Wenn man die Gegend beschaut, so sollte man meinen, er müßte seinen Weg durch diese Ebene nehmen, um sich in seinem wilden Lauf mehr ausbreiten zu können. Aber anstatt dessen drängt er sich ungestümm durch die Felsen durch, welche die Stadt umgeben, und sich seinem Lauf entgegen zu setzen scheinen. Nur aus der erstaunlichen Wuth und Gewalt, womit er hastig sein Bette gräbt, läßt sich dieser eigensinnige Lauf erklären —— Das Land umher sieht überhaupt sehr romantisch aus, und ich sehe wohl, ich werde mich länger hier aufhalten, als ich anfangs dachte.

Die Stadt ist auch innerlich sehr schön. Die Häuser sind hoch, und durchaus von Stein gebaut. Die Mauern gehn nach italiänischer Art über die flachen Dächer hinauf, so daß man auf denselben durch ganze lange Strassen gehn kann. Die Dohmkirche ist die schönste, die ich auf der ganzen Reise von Paris hieher gesehen, und nach dem verkleinerten und simplizirten Riß der Peterskirche zu Rom von grossen Quaderstücken gebaut. Das Portal ist von Marmor, und das Ganze mit Kupfer gedeckt. Vor dem Portal ist ein grosser viereckter Platz, mit Schwibbögen und Gallerieen eingefangen und an denselben stößt die fürstliche Residenz und die Abtey von St. Peter. Mitten auf diesem Platz steht eine schöne Statue der Maria in Bley in übermenschlicher Grösse. Zu beyden Seiten der Kirche sind grosse, mit schönen Gebäuden umgebne Plätze. Mitten auf dem zur Linken steht eine der prächtigsten Fontänen von Marmor, die ich je gesehen, mit einigen kostbaren Figuren in Riesengrösse. Auf jenen zur Rechten ist seitwärts ein Bronnen angebracht, der sich mit dem ersten gar nicht vergleichen läßt, und dessen Neptun eine sehr erbärmliche Figur macht — Die Stadt hat noch mehrere vortrefliche Gebäude und Statuen, die einen erinnern, daß man nicht weit von den italiänischen Gränzen entfernt ist.

So weit ich die Einwohner bisher kenne, scheinen sie sehr gesellig, offen und munter und für die Fremden ungemein eingenommen zu seyn. Indessen, bis ich dich genauer mit ihnen bekannt machen kann, muß ich dir von einigen Ausfällen Nachricht geben, die ich von München aus in verschiedene Gegenden Bayerns gethan habe.

Die bischöfliche Residenz Freysingen ist eben kein schlecht gebautes, aber im Grunde doch ein sehr armseliges Städtchen, das bloß von Pfaffen, H——, einigen elenden Studenten und armen Handwerkern besteht. Das fürstliche Schloß hat eine angenehme Lage auf einem abgerissenen Berg, worauf es eine herrliche Aussicht über einen grossen Theil von Bayern und

Dreyzehnter

auf das tyrolische und salzburgische Gebirge beherrscht. Die Besitzungen des Bischofs liegen durch Bayern und Oestreich zerstreut, und so gering sie auch alle sind, so hat er doch einen grossen Kreutzgang damit ganz bemalen lassen. Seine Einkünfte belaufen sich auf ohngefähr 13000 Gulden, und er hat seinen Obristhofmeister, seinen Oberjägermeister, seine Räthe, seine Leibwache, seine Musik und seine Küchen- und Kellermeister, die ohne Zweifel das meiste zu thun haben.

Von Freysingen reißte ich weiter nach Regensburg, einer finstern, melankolischen und sehr grossen Reichsstadt, die, wie du weist, der Sitz des Reichstages ist. Ich weiß dir wahrhaftig nichts gutes und schönes von ihr zu sagen, als daß die Brücke über die Donau sehr massiv ist, und der Teufel sie gebaut hat, und daß ich im Gasthaus zum weissen Lamm vortreflich einquartiert war. Der Wirth ist der artigste und billigste, den ich noch in Deutschland gefunden — Man sollte glauben, die vielen Gesandten müßten die Stadt sehr lebhaft machen. Aber du glaubst nicht, wie da alles todt ist. Wäre der Fürst von Thurn und Taxis, kaiserlicher Prinzipalkommißarius und Oberreichspostmeister nicht da, so wüßte man gar nicht, daß der Reichstag in der Stadt fäſſe. Aber dieſer Herr, deſſen Einkünfte ſich auf ohngefähr 400000 Gulden belaufen, giebt Opern, Komödien, Hetzen, Bälle und Feuerwerke. Er iſt ein herzguter Mann, der durch ſein edles Betragen und ſeine Großmuth ſeinem Stand, ſeinem Souverän und ſeinem Vaterland Ehre macht. Er macht im eigentlichſten Verſtand die Honneurs des Reichstages; denn die übrigen Geſandten der Reichsſtände müſſen wegen ihres geringen Gehalts ſehr eingezogen leben. Viele fahren in Miethkutſchen, und die Handelsleute unter der Bürgerſchaft beklagen ſich ſehr, daß ſie ihnen das Brod nehmen. Da alles, was an die Geſandten kömmt, zollfrey iſt, ſo machen viele, oder doch die Bedienten derſelben, Kommißionärs und Kaufleuthe, und es mag wirklich wahr ſeyn, was mir ein angeſehener Bürger ſagte, daß Regenſpurg mehr Schaden als Vortheil von dem Reichstag habe. Auch die Geſandten der gröſſern Häuſer, deren einige anſehnliches Vermögen haben, leben ſehr ſtille. Die fremden Miniſter reguliren ſich nach dieſen, und ſo kann man viele Wochen in dieſer Stadt ſeyn, ohne von der Verſammlung des Reichstages etwas zu ſpüren. Unter den fremden nimmt ſich unſer Geſandter durch ſeine Kenntniſſe ſehr aus. Er ist nicht nur mit der Verfassung Deutschlands, sondern auch mit der Litteratur desselben sehr genau bekannt.

Die Geschäfte des Reichstages gehn sehr langsam. Die Partheyen, die sich bey wichtigern Vorfällen bilden und die Eifersucht der grössern Häuser auf ihren gegenseitigen Einfluß, sind hauptsächlich daran Schuld: Denn die Form des Reichstages selbst ist ziemlich einfach. Er besteht aus drey Kollegien, dem kurfürstlichen, fürstlichen und städtischen. Die beyden erstern werden die höhern genannt, ob sie schon vor dem letztern in den gemeinschaftlichen Reichstagssachen nichts wesentliches voraus haben. Alle drey Kollegien versammeln sich in einem Saal, um den kaiserlichen Vortrag zu vernehmen. Hierauf vertheilen sie sich in die 3 Kammern, in deren ieder die Stimmen nach einer vestgesetzten Ordnung gesammelt werden. Die Mehrheit entscheidet sowohl in den 3. besondern Kollegien, als auch in den Resultaten derselben. Sind alle 3. Kammern einig, so wird ein Reichsschluß abgefaßt, und dieser als ein Reichsgutachten dem Kaiser oder dessen Prinzipalkommißar vorgelegt. Wenn ein Kollegium den 2. andern widerspricht, so wird sein Schluß dem Gutachten der 2. andern in der Relation

an

an den Kaiser beygeführt. Die Reichsschlüsse werden sogleich vollzogen, und beym Ende eines Reichstages in den Reichsabschied gebracht.

Das Kurfürstenkollegium hat in Betracht der geringen Anzahl von Stimmen, woraus es besteht, und die jedem der zwey andern viel zahlreichern Kollegien das Gleichgewicht halten, besonders aber dadurch ein grosses Uebergewicht, daß die 5 weltlichen Glieder desselben auch in dem Fürstenkollegium gegen 20 Stimmen haben. Seit dem Tod des letztern Kurfürsten von Bayern besteht es nur aus 8 Stimmen, worunter der Kurfürst und Erzbischof von Mainz als der erste aller Reichsstände das Direktorium führt. Es ist nicht entschieden, wer im Fall der Gleichheit der Stimmen den Ausschlag geben solle, und da dieser Fall bey einer so kleinen Anzahl doch oft zu erwarten ist, so hoft man die neunte Kurwürde in dem Haus Würtemberg oder Hessenkassel wieder aufleben zu sehn. Nur die Eifersucht einiger Kurhäuser, daß Oestreich nicht einen Kandidaten in Vorschlag bringen möchte, der sein unzertrennlicher Anhänger seyn müßte, steht diesem Entwurf im Weg.

ℓ

Dreyzehnter

Das Fürstenkollegium zählt in allem 100. Stimmen, worunter 33 geistliche, 61 weltliche und 6 Kollektivstimmen sind. Diese bestehn aus den 2 Bänken der Reichsprälaten und Aebtißinnen, nämlich der schwäbischen und rheinischen, und aus den 4 Kollegien der Reichsgrafen, nämlich dem wetterauischen, schwäbischen, westphälischen und fränkischen. Jedes Grafenkollegium und jede Prälatenbank gilt für eine Fürstenstimme. An der schwäbischen Prälatenstimme haben 20, und an der rheinischen 19 Glieder Antheil. Das wetterauische Grafenkollegium zählt wirklich 10, das schwäbische 20, das fränkische 16, und das westphälische 34 Glieder. Es haben sich viele Grafen und Herren, die in dieser Zahl nicht mitbegriffen sind, von ihren Kollegien abgesondert, weil sie in den Fürstenstand erhoben worden, aber noch keinen Sitz auf dem Reichstag erhalten haben. Andre sind ausgeschlossen worden, und noch andre Grafenstimmen ruhen, weil die Herrschaften, denen sie ankleben, an grössere Häuser gefallen sind, die es nicht des Werths achten, eine Grafenstimme zu führen, welche im Grunde auch äusserst unerheblich ist — Das Fürstenkollegium hat das Eigne, daß Ein Haus mehrere Stimmen haben kann, so hat der jetzige Kurfürst von Pfalzbayern 7, und sein Nachfolger, der Herzog von Zweybrücken, wird 8 Stimmen haben; der König von Preussen hat 5, und nach Absterben des regierenden Fürsten von Anspach und Bayreuth 7, und der Kurfürst von Braunschweig hat auch 5 Stimmen; weil der Reichs-Fürstenstand nicht auf der Person, sondern auf dem Lande beruht, und Eine Person mehrere Länder besitzen kann, deren jedem der Fürstenstand besonders anklebt. Im Vorsitz des Fürstenkollegiums wechseln Oestreich und Salzburg täglich mit einander ab. Der Erzbischof von Besancon und der König von Sardinien, als Herzog von Savoyen beschicken den Reichstag schon seit langer Zeit nicht mehr, und das Fürstenkollegium besteht also wirklich nur aus 98 Stimmen — Das Kollegium der Reichsstädte besteht aus 51 Stimmen, und ist in 2 Bänke, nämlich die rheinische und schwäbische getheilt; jene hat 14 und diese 37 Sitze. Die Stadt, worinn der Reichstag gehalten wird, führt das Direktorium.

Der kaiserliche Hof hat auf alle 3 Kollegien einen sehr grossen Einfluß. In der Kammer der Kurfürsten hat er die 3 Geistlichen fast immer auf seiner Seite, weil sie in neuern Zeiten gemeiniglich seine Kreaturen sind. Er spart weder Geld, noch Drohungen, noch Versprechungen, um die Dohmherrn zu Mainz, Trier und Köln bey der Wahl eines neuen Erzbischofs anstatt des heiligen Geistes, den sie feyerlich anrufen, zu inspiriren. Ehedem wußte sich unser Hof durch die nämlichen Mittel einen grossen Einfluß auf das deutsche Reich zu verschaffen; aber nun sind ihm durch die Wachsamkeit und Thätigkeit des Wiener-Hofes diese Kanäle auf immer verstopft — Im Fürstenkollegium hat er den nämlichen Vortheil. Fast alle geistliche Fürsten sind seine wahre Söhne. Das Dohmkapitel zu Lüttich ist das einzige, das sich in neuern Zeiten bey einer Fürstenwahl gegen den kaiserlichen Einfluß wirksam gesträubt hat. Nebstdem hat dieser Hof seit langer Zeit die Maxime, seine Vasallen in seinen Erblanden, wenn sie irgend nur ein kleines unmittelbares Reichsgut besitzen, zu Fürsten zu machen, und ihnen Sitz und Stimme auf dem Reichstag zu verschaffen. So kamen die von Lobkowitz, Dietrichstein, Schwarzenberg, Lichtenstein, Auersperg und die von Thurn und Taxis, aller Protestationen der alten Fürsten ungeachtet, in den Reichsfürstenrath, bloß um den Einfluß des Hauses Oestreich zu verstärken. Die Herzoge von Aremberg werden zwar unter die alten Fürsten gezählt; aber bey weitem der größte Theil ihrer Güter liegt auch in den östreichischen Erblanden, und sie hängen fast gänzlich vom Hof zu Wien ab. Mehrere andre der alten Häuser müssen sich wegen der Lage ihrer Länder immer zu Oestreich halten, und so kann man in jedem Fall beynahe die Hälfte aller Fürsten voraus zählen, die immer bereit sind, dem kaiserlichen Vortrag ihr Ja zuzuwerfen — Im Kollegium der Städte herrscht der Kaiser fast uneingeschränkt. Sie sind fast alle im Gedränge ihrer benachbarten mächtigern Mitstände, wo sie des besondern Schutzes des Wiener-Hofes bedörfen, um nicht gänzlich unterdrückt zu werden.

So übermächtig nun auch in diesen Umständen der Einfluß des kaiserlichen Hofes seyn sollte, so wußten die Reichsstände doch noch einen Damm anzubringen, der den Strom desselben sehr oft bricht. Mably hat in seinen Bemerkungen über die Geschichte Frankreichs richtig bemerkt, daß, wenn man die Stände des deutschen Reichs als unabhängige Mächte betrachtet, die sich zu ihrer Vertheidigung mit einander verbunden haben, man keine weisern Maaßregeln erdenken könne, als die sie immer ergriffen haben, um ihre Freyheit gegen die innere Vorgewaltigungen sicher zu stellen. Die

Definition der Verfassung des Reiches: „Sie ist eine durch Gottes Allmacht erhaltene Verwirrung,„ * gilt in so weit, als man, irriger weise, das Reich als einen einzigen selbstständigen Staat ansieht; aber betrachtet man es in dem rechten Gesichtspunkt als eine Sammlung vieler freyer Staaten, die sich in ein gewisses Sistem zusammengethan haben, so erblickt man anstatt der Verwirrung sehr viel Ordnung, und anstatt dem blinden Verhängniß viel Klugheit und Vorsicht — Der Damm, wovon ich dir sagte, und den die Reichsstände gegen die grosse Parthey des kaiserlichen Hofes angelegt haben, ist das Gesetz, „daß die Mehrheit der Stimmen in den Reichskollegien nicht entscheiden solle, wenn es die Religion oder solche Sachen betrift, worinn die Stände nicht als Ein Körper betrachtet werden können, oder wo die Katholicken einer, und die Protestanten einer andern Meinung sind,„ ... In diesen Fällen gehn die Kollegien in Theile, und wenn auch ein Theil noch so gering an Zahl ist, so wird sein Schluß doch jenem des zahlreichern Theils gleich gehalten. Bloß die Religion hat zwar diesem Gesetz den Ursprung gegeben, aber in neuern

---

* Est Confusio divinitus conservata.

Zeiten wußte auch die Politik guten Gebrauch davon zu machen; und auch den Katholicken, die dem kaiserlichen Hof anhängen mußten, kam es zu gut, daß sich die geringere Zahl der Protestanten dem Kaiser nachdrücklich widersetzen konnte. Seitdem die Macht des Königs von Preussen so erstaunlich gestiegen ist, steht er an der Spitze der protestantischen Parthey, obschon Sachsen eigentlich das Direktorium derselben führt, und er protestirt oft sehr nachdrücklich gegen Dinge, die mit der Religion eben nicht in der engsten Verbindung stehen.

Von München wanderte ich auch nach Inspruck, und noch etwas weiter ins Tyrol, ich will dir aber meine Nachrichten davon bis dahin aufsparen, wo ich sie im Zusammenhang mit den östreichischen Landen besser werde anbringen können, und dieser Brief hat ohnehin schon, wie ich sehe, die gehörige Länge: Also leb wohl.

XIV.

Salzburg.

Mit Entzücken durchwandre ich nun dieses herrliche Land, das mit dem gebirgigten Theil der Schweiz sehr viel Aehnlichkeit hat. Bald bin ich auf unermeßlichen Gipfeln, wo ich wie der Herr der Welt um mich her die Wolkenheere, unabsehbare Ebenen, unzälige Seen, Flüsse und Bäche, schauerlich tiefe Thäler und die kahlen Häupter von ungeheuern Granitfelsen mit dem Gefühl, das den himmlischen Regionen eigen ist, zu meinen Füssen betrachte. Bald lagere ich mich auf dem hohen Abhang eines Berges in die Hütte einer Sendtin (Hirtin), die mit ihrer Heerde den ganzen Sommer durch in dieser überirdischen Gegend wohnt, von niemand, als bisweilen von ihrem Liebhaber, der oft 4 bis 6 Stunden zu klettern hat, einem Gemsjäger, oder allenfalls von einem irrenden Ritter meiner Art besucht wird, und da leb' ich einen Tag wie ein Patriarch der Vorwelt, bey Milch und Käs, zähle die Heerde, die sich Abends auf einen Pfiff des Mädchens um die Hütte her versammelt, und die in diesem Augen-

blick so gut als mein ist, schlafe auf einem Bü-
schel Heu sanfter, als du auf deinen hypochon-
drischen Federn, und geniesse dann des Schau-
spiels der aufgehenden Sonne mit einer Wohllust, die du in der Oper, Komödie, auf dem
Ball und auf allen den Gemeinplätzen des
Vergnügens vergeblich suchst. Bald besuch ich
einen See im Busen hoher Berge, und doppelt
lieb ist mirs, wenn ich ihn bey Anbruch des Tages mit einem Nebel bedeckt finde. Mit wah-
rem Entzücken seh ich dann zu, wie ihn die auf-
gehende Sonne in dem Thal einpreßt und nie-
derdrückt, daß die glänzenden Häupter der Berge weit drüber hinausragen; wie der Wind
nach und nach den Spiegel aufbeckt, und der
Nebel sich wie ein Nachtgespenst durch die Einschnitte der Berge in die angränzenden Klüfte
verkriecht. Dann mache ich eine Spatzierfahrt
in einem ausgehöhlten Baum, der hier zu Lande meistens die Dienste eines Schiffes thun
muß, und frühstücke dabey mit köstlicher Butter
und Honig aus einer benachbarten Bauernhütte, und lache dich laut aus, wenn es mir ein-
fällt, daß du so eben in deinem gelehrten Schlafrock und mit deiner kritischen Schlafmütze am
Theetische sitzest, mit dem Thee eine eben so wäs-
serigte und fade Brochüre du jour hinabschluckst,

und von all dem Geschlampe Blähungen bekömmst, die du dann mit Rhabarber und all dem medizinischen Vorrath in deinem Glaskästchen umsonst wieder abzutreiben suchst.

Einer meiner Lieblingsplätze ist der nur 2 Stunden von hier entlegene Untersberg. Gegen die Stadt zu stellt er eine ungeheure Pyramide dar; aber rückwärts zieht sich sein holperichter und kahler Felsenrücken wohl auf 2 Stunden in die Länge, und man braucht gegen 6 bis 7 Stunden um ihn an seinem Fuß zu umgehen. Auf dem gewöhnlichen Weg kann man ihn von seinem Fuß an in 5 Stunden ersteigen; aber ein geübter Gemsjäger, der wie eine Katze klettern kann, braucht nicht gar 3 Stunden dazu. Auf demselben hat man eine gränzenlose Aussicht auf das flache Land von Bayern. Auf den Thürmen von München, welches 17 Meilen entlegen ist, sieht man seinen Gipfel sehr deutlich. Man zählt gegen 9 Seen in dem Gesichtskreis umher. Die schönste Parthie in der Aussicht ist das Fürstenthum Berchtoldsgaden, welches dem Berg gegen Süden liegt und in einem waldigten Thal besteht, das von den abentheuerlichsten Granitgipfeln ringsum eingeschlossen ist. Unter diesen nimmt sich der Wazmann durch seine vollkommene Kegelform vorzüglich aus. Mitten durch die finstere Waldung dieses Thales leuchten einige Seen hervor, die eine unbeschreiblich schöne Wirkung machen. Die Aussicht in einige benachbarte salzburgische Thäler ist nicht weniger schön.

Auch dieser Berg scheint Buffons Bergsistem zu bestätigen. Er ist eine in den Urstoff der Erde eingewurzelte Granitmasse, auf deren tiefern Abhängen und Einbiegungen hie und da Sand und Kalchsteine wie vom Wasser angeschwemmt liegen — Die unterste Gegend desselben ist mit Wald bewachsen, und hat einige schöne Brüche von röthlichtem und weissem Marmor. Auf dem Schutt eines dieser Brüche hat man eine herrliche Aussicht nach der Stadt zu. In einiger Entfernung von demselben ist in einer wilden Kluft des Berges ein merkwürdiger Wasserfall. Ein starker Bach, der aber im Frühling, wenn der Schnee zu schmelzen beginnt, viel beträchtlicher seyn soll, als er itzt ist, bricht aus einem Felsenritze hervor, in dessen Mündung man vermittelst einer durch Kunst gehauenen Treppe kommen kann. In dem Ritz, worinn man für Kälte schauert, hört man im innern des Berges ein dumpfes Getöse, wie einen weit entfernten Donner. Wahrscheinlich enthält der Berg in seinem Eingewölbe einen See, in den das Schnee- und Regenwasser von aussen eindringt, und dessen Fall das Getöse verursacht. Ohne Zweifel wird dieses innere Gewässer mit der Zeit dem Berge verderblich seyn. Das Volk in der Gegend erzählt sich, Kaiser Karl der Grosse sey mit seiner ganzen Armee in diesen Berg bis an den jüngsten Tag eingeschlossen, und mache bis dahin zu seinem Zeitvertreib das schauerliche Gepolter. An einem gewissen Tag des Jahres sieht man ihn Nachts um 12 Uhr mit dem Gefolge von seinen Ministern und Generälen in einer Prozeßion in die Dohmkirche zu Salzburg ziehn. Von Zauberern, deren weisse Bärte in der Länge der Zeit 10 und 20mal um die Tische herumgewachsen sind, an denen sie im Berge schlafend liegen, von tausendjährigen Eremiten, die verirrte Gemsjäger in das Innere des Berges geführt, und ihnen darinn Feenpalläste von Gold und Edelsteinen gezeigt haben, wollte ich dir eine Menge erzählen, wenn du nicht schon die Wunderdinge kenntest, die in der Sierra Morena beym Ursprung des Quadiana zu finden sind. Ich könnte dir ein Manuskript mittheilen, worinn diese Geschichten aktenmäßig bescheinigt und vom Gerichte bestätigt sind. Aus der Spalte, worinn man den grossen Karl spu-

Brief.

cken hört, stürzt der Bach mit einem starken Geräusche und in den mannichfaltigsten Kaskaden durch einen tiefen und engen Schlund hinab, den er in den harten Marmor selbst gegraben zu haben scheint. Hie und da hat er sich in seinem Fall Marmorbecken ausgehöhlt, die keine Kunst schöner glätten und runden könnte. Ein Liebhaber von Alterthümern in der Nachbarschaft ist sogar versucht worden, einige derselben für altrömische Bäder anzusehen. Ganz unten am Fuß des Berges hinter einer Mühle biethet der Wasserfall einen sehr angenehmen Anblick dar. Der Sturz ist hier zwar nicht hoch, aber doch sehr merkwürdig, weil sich das Wasser in unzälige Fäden zertheilt, die durch hingewälzte Felsenstücke sich so mannichfaltig und seltsam kreuzen, daß keine Phantasie die Kaskade eigensinniger anlegen könnte. Auf den abgerissenen Steinen stehn hie und da kleine Fichten, die das Launigte dieses Naturauftrittes unendlich vermehren. Das Wasser dieses Baches ist so kalt, daß du deine Hand keine 10 Sekunden darinn halten kannst, und doch kannst du ohne die geringste Gefahr im grösten Schweiß, so viel davon trinken als du willst. Du verdauest und verdünstest es so leicht wie Luft. In der grösten Ermüdung wüßte ich kein besseres Erquickungsmittel, als dies Wasser — Ihr armen Leuthe zu Paris, mit euern Diarrheen und Verstopfungen, die euch das leimigte Seinewasser wechselweise verursacht! Könnte euch doch eure allmächtige Polizey dieses Wasser verschaffen, das sich hier ungenutzt in den Salzafluß verliert!

Der Theil des Fürstenthums Salzburg, welcher der Hauptstadt gegen Norden liegt, enthält zwar auch viele Berge, trägt aber doch zum Unterhalt seiner Bewohner Getreide genug. Allein 6 Stunden von der Stadt gegen Süden fängt ein langes und enges Thal an, welches sich erst auf einige Meilen gegen Süden fort, und hierauf gegen Westen herum zieht, von ungeheuerm Gebirge eingeschlossen ist, von der Salza durchströmt wird, den grösten Theil des Fürstenthums ausmacht und kaum den dritten Theil des nöthigen Getreides trägt. Der Eingang in dieses Thal ist der sogenannte Paß Lueg oder Luhk, welches im Plattdeutschen und Englischen so viel als Sehen heißt, und die nämliche Bedeutung als eine sogenannte Warte in verschiedenen Gebiethen von Reichsstädten hat. Dieser Paß ist ein tiefer, enger Schlund zwischen nackten Granitfelsen, die über die Wolken emporragen, senkrecht abgehauen sind, und durch welche sich die Salza wüthend drängt. Ueber dem Fluß hat man einen Weg in den Fels gehauen, der durch ein Thor geht, welches kaum Raum genug für einen Wagen hat, und von einer Batterie bedeckt wird, so daß hier wenige Leuthe eine grosse Armee aufhalten können. Die andern Zugänge dieses Thales sind eben so wohl verwahrt, und die Natur hat es so gut bevestigt, als das Walliserland.

Ausser diesem grossen Thal gehören noch einige anstossende kleinere zu diesem Fürstenthum. Sie sind von der nämlichen Beschaffenheit, wie jenes, und die Nahrung der Einwohner besteht hauptsächlich in der Viehzucht. Man findt an vielen Orten sehr reiche Bauern, die 80 bis 100 Stücke grosses Vieh besitzen. Es wird etwas Käs und Butter ausgeführt, aber lange nicht so viel, als es seyn könnte, wenn die Einwohner so fleißig, sparsam und zur Handlung so aufgelegt wären, als die Schweitzer Bauern. Nebst dem Hornvieh ist auch die Pferdezucht sehr beträchtlich. Diese sind vom stärksten Schlag, und werden als schwere Last- und Zugpferde weit ausgeführt. Von Gestalt sind sie nicht schön. Sie haben zu dicke Köpfe und ihr Hintergestelle ist zu hoch; aber ich erinnere mich, in einigen Städten am Rhein

Salzburger Pferde gesehen zu haben, deren eines auf einem schweren Karren gegen 40 Zentner bis auf eine beträchtliche Strecke ziehn mußte. Die Bauern brauchen sie schon im dritten Jahr zu ihrer schweren Arbeit, und dieß ist Ursache, daß sie gar bald steif werden, und nicht wohl zu Kutschenpferden zu brauchen sind. Der Kaiser kauft für seine Artillerie Eines um 120 Gulden — Die Besitzungen des Fürsten in Kärnthen sind in Rücksicht auf ihren natürlichen Zustand dem übrigen Lande ziemlich gleich, und das was er in Oestreich besitzt, ist zu unbeträchtlich, als daß es hier in Anschlag kommen sollte. Im Ganzen muß dieses Land beynahe die Hälfte seines nöthigen Getreides aus Bayern beziehn.

Der hiesige Bauer kann sich nicht, wie der Bergschweitzer, mit Käs oder Erdäpfeln behelfen. Durchaus muß er zu seinem Fleisch, welches er bey der Mahlzeit, so fett es auch seyn mag, immer noch Bissenweis in zerlassenes Schmalz zu tunken pflegt, gutes Brod und Bier und Brandtewein in Ueberfluß haben. Diese für seine natürliche Lage zu kostbare Lebensart müßte das Land zu dem ärmsten in Europa machen, wenn er diesen Aufwand nicht durch eine kluge und bewundernswürdige Sparsamkeit in den andern Theilen seiner Wirthschaft ersetzte. Er kleidet sich selbst von Kopf bis zum Fuß. Jede Familie webt aus ihrer eignen und von ihr selbst zubereiteten Wolle eine Art von grobem, dunkelgrauen Tuch, woraus sie sich selbst die Hauptstücke der nöthigen Kleidung verfertigt. Leinenzeug, Schuhe und Strümpfe, alles macht sich der Bauer selbst. Seine Kleidung ist dabey reinlich, einfach, bequem und schön — Das Gleichgewicht zwischen der Einnahme und Ausgabe des Landes wird aber hauptsächlich durch die Ausbeute der Bergwerke hergestellt.

Unter diesen ist das Salzwerk zu Hallein ohne Vergleich das beträchtlichste. Das Innere dieses ohngefähr 4 Stunden von hier entlegenen Berges besteht aus einer Masse von Salzkristall, welches aber mit häufiger Erde vermischt ist. Um es zu reinigen, werden ungeheure Kammern hineingehauen und mit Wasser angefüllt, welches das Salz ableckt und die Erdtheile zu Boden sinken läßt. Das geschwängerte Wasser wird sodann auf die Pfannen geleitet und ausgesotten. Mit der Länge der Zeit füllen sich die Kammern von selbst wieder mit Salz an, und der Schatz ist unerschöpflich — Eine solche Kammer, wenn sie beleuchtet wird, ist der schönste Anblick von der Welt. Denke dir einen Saal von ohngefähr 100 Schritt ins Gevierte, dessen Wände und Böden aus Kristallstücken von allen erdenklichen Farben bestehn, die im Glanz der durchscheinenden Lichter so wunderbar durchspielen, daß du wirklich glauben must, du seyest in einen Feenpallast versetzt. Zu diesem grossen Werk wird das Holz auf der Salza und den sich in dieselbe ergiessenden Flüssen und Bächen, so weit jener Haupt-Fluß das grosse Thal beherrscht, herben geschwemmt. Seit einiger Zeit werden die Holzungen merklich dünner, und mit der Zeit könnte die gar zu grosse Verminderung derselben das Werk stocken machen.

Die unglückliche Lage des Landes ist Schuld, daß es diesen Schatz nicht für sich ganz nutzen kann, sondern ihn gröstentheils Fremden überlassen muß. Ringsum ist es von den östreichischen und bayrischen Landen eingeschlossen. Die erstern haben für sich Salz genug, und alle Einfuhr des fremden Salzes ist streng verbothen. Auf der andern Seite ist das bayrische Salzwerk zu Reichenhall so ergiebig, daß es nicht nur diese Lande damit hinlänglich versorgen, sondern auch noch eine beträchtliche Menge an die Fremden abgeben kann. Die Erzbischöfe von Salzburg sahen sich also genöthigt, mit den Herzogen von Bayern einen Verträg zu errichten, vermöge dessen diese jährlich eine gewisse Menge Salzes um einen unmäßig geringen Preis von den erstern übernehmen, und einen Theil der Schweitz und des Schwabenlandes damit versehen. So ist Bayern eigentlich im Besitz des Handels mit dem hier erbeuteten Salze, und gewinnt wohl 3 mal so viel dabey, als die Fürsten von Salzburg. Der Werth des Salzes, welches Bayern jährlich übernehmen muß, beläuft sich auf ohngefähr 330000 Gulden, und was im hiesigen Lande selbst und durch einen unbeträchtlichen Schleichhandel in die benachbarten östreichischen Lande abgesetzt wird, beträgt so viel, daß der ganze Werth der Ausbeute auf ohngefähr 450000 Gulden geschäzt werden kann, wovon beynahe 300000 Gulden reiner Gewinn seyn mögen.

Die Gold und Silberbergwerke des Fürstenthums machen in den Geographien Deutschlangs einen grossen Lärmen, sind aber neben dem Salzwerk kaum nennenswerth. Ich hab den Auszug aus den Registern des Ertrags aller Gold- Silber- Eisen- Kupfer- u. a. Gruben gesehen, und im Durchschnitt der letztern 10 Jahre war der jährliche reine Gewinn des

Fürsten von allen seinen Bergwerken 65000 Gulden. Er baut sie fast alle selbst, und verliert schon seit vielen Jahren an dem Bau eines Goldwerks in der Gegend von Gastein jährlich über 20000 Gulden in der betrüglichen Hofnung, mit der Zeit reichere Ausbeute zu bekommen, und um das Thal, worinn es ist, und dessen Einwohner bloß von diesem Werke leben, nicht zu einer Wüste werden zu lassen. Das hiesige Eisen wird immer spröder und von den Fremden weniger gesucht. Der Fürst hat auch für seine Rechnung eine Meßingfabricke; aber der dazu erfoderliche Gallmey wird im Lande immer seltener.

Herr Büsching sagt in seiner Beschreibung Deutschlands, er habe von guter Hand, die jährlichen Einkünfte des Erzbischofs beliefen sich auf 4 Millionen Gulden. Wenn mich der Fürst zu seinem Generalpachter machen wollte, ich getraute mir kaum 1200000 Gulden für seine ganze Einnahme zu biethen. Ich weiß ziemlich zuverläßig, daß die Steuern, Domänen, Landzölle u. dgl. nicht viel über 600000 Gulden abwerfen, rechne ich nun den Gewinn an den Bergwerken dazu, so müßten die Akzise, Zölle, und der übrige Ertrag der Hauptstadt samt einigen fürstlichen Bierbrauereyen noch

335000 einbringen, ehe ich bey meiner Pachtung gewinnen könnte.

Die Grösse des Landes wird auf 240 deutsche Quadratmeilen geschätzt. Es hat nur 7 oder 8 Städte, wovon einige mit einem grossen schwäbischen Dorf nicht zu vergleichen sind. Die Zahl der sämtlichen Einwohner wird auf 250000 angegeben, wovon ohngefähr 14000 auf die Hauptstadt kommen. Die geringern Fabriken von baumwollenen Strümpfen und Nachtmützen zu Hallein ausgenommen, ist das Land ganz von Manufakturen entblösst. Seitdem die Strasse nach Triest so vortreflich ist angelegt worden, treibt die Stadt Salzburg einen beträchtlichen Handel mit Spezereyen und Materialien, womit sie einen grossen Theil von Bayern versieht. Die Wege durch dieses bergigte Land sind überhaupt sehr gut, ob sie schon hie und da über schauerlichen Abgründen auf Holzgerüsten schweben, oder gar in Ketten an den hohen Felsen hängen. Die schwersten Fuhren haben nichts zu befürchten, als etwa von einem gewaltigen Stoßwinde umgeworfen, oder im Frühjahr von einer Schneelauwine bedeckt zu werden. Auf meiner Reise in das Bad zu Gastein, einer der wildesten Gegenden des Landes, sah ich alles, was zu thun möglich ist, um die schröcklichsten Abgründe und die steilsten Felsen wegsam zu machen. Auf dieser Reise sah ich auch einen der merkwürdigsten Wasserfälle, die ich je gesehn. Ein starker Bach stürzt wie aus den Wolken auf einen unterliegenden Felsen, der über 100 Schuh über dem Weg emporragt, und wird von da in einem Bogen so stark zurückgeprellt, daß man auf der Straße, die unter diesem Bogen durchgeht, gar nicht benetzt wird. Von vorne kann man diesen schönen Fall nicht sehen, weil das Tobel zu enge, und der entgegenstehende Fels zu steil ist, aber in einiger Entfernung bietet er, von der Seite betrachtet, den seltsamsten Anblick dar. Leb wohl.

XV.

Salzburg ――――

Ich lobe mir die Bergländer. Ich bin zwar keiner von denen, deren Gefühl bloß durch das abentheuerliche kann gereizt werden; die starke Erschütterungen lieben, weil sie gegen sanftere Regungen gemeiniglich stumpf sind, und die ihr Vergnügen auf unwirthbaren Felsenrücken und scheußlichen Eis- und Schneefeldern suchen, weil sie durch unmäßigen Genus an den Freuden, welche mildere Gegenden darbieten, einen Eckel bekommen haben. Mir ist die einförmigste Ebene mannichfaltig genug, um mein Herz in dem Grad von Wärme, und meine Sinnen in der Spannung zu erhalten, die zu einem ununterbrochenen Genus der Natur nöthig sind. Ich umarme den Baum, der mir auf meiner Wanderung durch ein kahles und ebenes Gefilde auf einen Augenblick Schatten giebt; das Moos auf einer Heide hat Reitz für mich, und der Bach, der durch einen unabsehbaren Wiesengrund schleicht, ist mir auch ohne das Geräusche eines Wasserfalles lieb. Aber ich bin auch billig genug, um dem Gebirge Gerechtigkeit widerfahren zu lassen und ihm in Rücksicht auf Schönheit den Vorzug vor der Ebene einzuräumen. Der Puls der Natur schlägt hier stärker, alles verräth mehr Leben und Treibkraft; alles verkündigt die immer wirksame Allmacht lauter und stärker. Der Bach, welcher ohne zu wissen, welchen Weg er nehmen soll, langsam die Ebene durchirrt, eilt im Gebirge brausend und ungestümm seinem Zweck zu. Der Zug der Wolken, die Empörungen der Luft, das Hallen des Donners, alles ist hier lebhafter und stärker. Die Thäler sind in der schönen Jahreszeit von einem viel geistigern Geruch der Blumen und Kräuter durchdüftet, als die Ebenen, deren Boden zur Zubereitung der feinern Pflanzensäfte nicht so bequem ist, und worauf sich die Ausduftung derselben in der weiten Luft verliert. Die Natur ist hier mannichfaltiger und unendlich mahlerischer. Sie schattirt sich auf eine Art, wovon sich der Bewohner einer Ebene keinen Begriff machen kann, und in der Schattierung werden alle, auch die kleinsten Züge derselben auffallender und reitzender. Hier biethet die Natur die Eigenschaften aller Jahrszeiten und der verschiedensten Erdkreise auf einmal dar. Während daß man im Sommer in der Tiefe des Thales die Hitze von Afrika empfindet, genießt man auf der mittlern Höhe der Berge die gemäßigte Luft des Frühlings, und auf den Gipfeln derselben starrt man im Frost Sibiriens. Und wie mannichfaltig sind nicht die Gestalten, Verkettungen und Aufhäufungen all der Berge und Hügel!

Der Mensch ist wie sein Erdreich, wenn die Erziehung und die gesellschaftlichen Verbindungen keine Veränderung mit ihm vornehmen. Der Bauer im Innern dieses Landes trägt ganz das Gepräge der Natur um ihn her. Sein Gang ist schnell, wie der seines Waldstroms; er ist in seinen Leidenschaften stürmisch, wie die Luft, die er athmet; stark wie die Eiche, die ihn beschattet, und bieder, treu und vest wie der Fels, der seine Hütte trägt. Die Lebhaftigkeit und Mannichfaltigkeit der Auftritte, welche ihm die Natur darstellt, machen seinen Kopf reicher an Begriffen, und sein Herz wärmer, als es seyn würde, wenn er auf einer einförmigen Ebene wohnte und wie hier, bloß der Natur überlassen wäre. Die Entfernung von grossen Oertern und die zerstreute Lage der Hütten, wodurch ihm viele Gelegenheit zu schädlichen Ausschweifungen genommen wird, erhalten seine Sitten reiner und machen ihn zum Nachdenken aufgelegter und auf seine Wirthschaft aufmerksamer. In seinem Bau, seiner Gesichtsbildung, seinen Gebehrden und seinem Gespräche zeichnet er sich vor dem bayrischen Bauern sehr zu seinem Vortheil aus. Ich bedaure unendlich, daß ich wegen Mangel an Kenntniß der hiesigen Provinzialsprache die Bergleuthe nicht so geniessen kann, wie ich es wünsche. Die unbeschreibliche Offenherzigkeit, welche sie äussern, und die Züge des Wohlwollens, des guten Humors und des launigten Witzes, die man auf ihrem Gesichte liest, machen sie beym ersten Anblick dem Menschenfreund vorzüglich lieb. Viele von ihnen tragen noch lange Bärte, und die in den abgelegenen Gegenden duzen jedermann, auch ihren Fürsten. Die Kröpfe sind zwar nicht selten unter ihnen, aber doch lange nicht so häufig, als einige Reisebeschreiber zu melden belieben. Ueberhaupt genommen sind sie ein sehr schöner Schlag Leuthe.

Die Lücken, welche durch die bekannte Auswanderung der Protestanten vor 50 Jahren in der Bevölkerung und dem Anbau dieses Landes gemacht worden, sind noch lange nicht wieder ausgefüllt. Sie war das Meisterstück einer schlimmen Regierung, wo die Schwäche eines Fürsten und die eigennützige Bosheit eines Ministers im grösten Glanz erschien. Ich habe die Akten dieses merkwürdigen Vorfalles zu meiner grossen Erbauung ganz durchgelesen. Man irrt sich, wenn man die Veranlassung dieses seltenen Auftrittes überhaupt den Religionsgrundsätzen zuschreibt, die sich zur Zeit der Reformation in dieses Gebirge eingeschlichen haben. Aus den Akten ergiebt sich, daß gar wenige einen deutlichen Begriff von dem Augspurgischen oder Helvetischen Glaubensbekenntniß hatten. Diese Grundsätze mögen wohl etwas beygetragen haben; aber die meisten dieser neuen Protestanten sind es durch eigenes Nachdenken und durch Unterredungen unter ihnen geworden, wozu sie selbst den Stoff aus den katholischen Predigten und Religionsbüchern nahmen. Hätte man ihnen eine unbedingte Religionsfreyheit im Lande gestattet, so hätten sie gewiß eine ganz neue Sekte gebildet, die mit der kalvinischen und lutherischen wenig Aehnlichkeit würde gehabt haben. Die meisten derselben, die gerichtlich verhört worden, antworteten auf die beyden Fragen, „ob sie sich zur lutherischen oder kalvinischen Kirche bekennen wollten?„ gradezu Nein; zu keiner von beyden. Wir glauben nur nicht, was unsere Mitbürger glauben, sondern halten uns bloß an der Schrift. „Es war eine durch verschiedene Umstände veranlaßte Empörung des Menschenverstandes, woran die Reformatoren des 16ten Jahrhunderts wenig Theil hatten. Bauern und Handwerker machten Prediger in ihren Häusern, oder unter einem Baum an einem entlegenen Ort. Kurz, man muß diesen Leuten die Ehre lassen, daß sie fast ganz ihre eigne Lehrer waren. Erst als sie sich wegen der Bedrückungen ihres Landesherrn um fremden Schutz umsehen mußten, und mit dem König von Preussen in Unterhandlungen standen, erklärten sie sich zu einer im deutschen Reiche durch den westphälischen Frieden privilegirten Sekte, weil sie sich auf keine andere Art gegen ihre gänzliche Unterdrückung sicher stellen konnten.

Der damalige Erzbischof war ein guter Mann, der seine Unterthanen wirklich liebte, und alles Mögliche that, um sie nach seiner Meinung auf den rechten Weg zur Seligkeit zurückzuführen. Er schickte Kapuziner als Mißionärs ins Gebirge, deren Kapuzen und Bärte aber gegen die Explosionen des erwachten Menschenverstandes nicht aushalten konnten. Er betete selbst unabläßig für die Bekehrung seiner verirrten Schaafe, und sparte weder Geld noch gute Worte, um sie dem Himmel wieder zu gewinnen. Der Verlust so vieler Seelen war ihm unendlich schmerzlicher, als der Abgang so vieler Arme zum Bau seines Landes und die dadurch verursachte Schmälerung seiner Einkünfte. Sein Kanzler aber betrachtete die Sache in einem ganz andern Licht. Dieser hatte berechnet, was er für seine Person bey der Auswanderung so vieler tausend Einwohner und bey dem Verkauf so vieler Güter gewinnen könnte. Er benutzte die Schwäche seines Herrn, um sich bey dieser schönen Gelegenheit den Beutel zu spicken. Er stellte ihm vor, wie gefährlich es für das Seelenheil seiner noch rechtgläubigen Unterthanen sey, die Ketzer unter ihnen wohnen zu lassen. Wenn die altgläubigen Nachbarn eines Anhängers der neuen Lehre ihn durch Schimpfen und Drohen auf das äusserste gereitzt hatten, und er endlich in der Wuth sagte: „Wartet nur bis die 60000 Mann des Königs von Preussen anrücken; da schlagen wir euch allen die Köpfe ein. Das ist ein andrer Monarch als der Erzbischof, und er ist schon auf dem Marsch zu uns, u. dgl. m.„ So wußte der patriotische Kanzler Hochverrath und Landesverrätherey in diesen Reden zu finden, die nichts als der Ausbruch einer augenblicklichen, unbedachten und gereitzten Laune waren. Mit einem Wort, Er war die eigentliche Triebfeder des Abzuges von ohngefähr 25000 Menschen, wobey er gegen 50000 Gulden gewonnen, und sein Herr gegen 100000 Gulden an jährlichen Einkünften verloren hat. Der König von Preussen schickte 2 Kommissärs hieher, die das Eigenthum derjenigen, die sich in seine Lande begaben, besorgen mußten, und den größten Theil des Geldes, welches aus dem Verkauf der Häuser, Güter und des Geräthes der Abgezogenen gelöst worden, aus dem Lande trugen.

Durch das ganze Gebirge giebt es noch viele Anhänger dieser neuen Lehre. Ich lernte einen von ihnen kennen, der in jedem Betracht zu merkwürdig ist, als daß ich dich nicht mit ihm bekannt machen sollte.—— Vor einigen Tagen besuchte ich mit einem Herrn von hier den Landvogt, oder wie er hier heißt, den Pfleger von Werfen, einen sehr artigen und helldenkenden Mann, wie es denn auch in den entlegensten Theilen dieses Gebirges viele weit über meine Erwartung aufgeklärte Leuthe giebt. Diese Wanderung hatte viel Vergnügen für mich. Vom Paß Lueg an, wo das grosse Thal beginnt, geht der Weg 4 Stunden lang, bis nach Werfen durch einen engen Schlund zwischen nackten Felsen, die oft auf grosse Strecken hin wie himmelhohe Mauern zu beyden Seiten dastehn. Die am Fuß dieser Bergketten hie und da zerstreuten Parthieen Holz, der mannichfaltige Lauf der Salza, die sonderbaren Einschnitte, Gestalten und Farben der Felsen, ihr Schutt, die Spuren des ehemaligen Laufes des Flusses viele Klafter hoch über seinem jetzigen Bette, die seltsame Lage der wenigen Gebäude, und die auffallende Schattierung des Ganzen geben die-

Brief.

ser sonst öden Landschaft Reiz genug, um den Wanderer zu unterhalten. Das Schloß Werfen steht bey dem Flecken dieses Namens, wo sich das Thal merklich zu erweitern beginnt, auf einem abgerissenen kegelförmigten Felsen, der sich mitten aus dem engen Schlund erhebt. Auf einer Seite hat kaum am Fuße desselben die Straße, und auf der andern kaum die Salza Raum genug. Auf dem Schloß beherrscht man eine herrliche Aussicht vorwärts in das sich erweiternde Thal zwischen behölzten, und zum Theil schön angebauten Bergen und Hügeln, und rückwärts in den tiefen Schlund, wodurch man gekommen, dessen Felsenspitzen immer in der Sonne glänzen, während daß sich in die Tiefe desselben ein ewiges Dunkel gelagert hat. Auf dem Schloß werden viele Gefangene bewacht, die zum Theil in Ketten arbeiten müssen. Unter denselben fiel mir die Gestalt und das Gesicht eines Mannes auf, von dem man mir schon viel gesagt hatte. Er ist das Bild eines schönen Mannes. Ein Alter von etlichen und sechzig Jahren hat das blühendste Roth von seinen Wangen noch nicht weggewischt. Sein starker langer Bart und sein schwarzes schönes Haar sind nur hie und da mit etwas Grau untermischt. Er trägt sich so leicht und steht so gerade wie ein Jüngling in seiner vollen Kraft. Seine Stirne und die ganze Bildung seines Gesichtes ist regelmäßig schön, und sein grosses, blaues sprechendes Auge muß auch den geringsten Menschenkenner auf ihn aufmerksam machen. Aus seinem Antlitz leuchtet eine unbeschreibliche Seelenruhe und ein gewisser Stolz, der von einem starken Karakter unzertrennlich ist. Ich wollte seine Geschichte von ihm selbst hören, und erzäle sie dir aus seinem Munde wieder so gut ich kann.

„Ich bin nun, sagte er, ohngefähr 24 Jahre hier als ein Gefangener. Ich erinnere mich noch der Auswanderung so vieler tausend meiner Mitbürger, und habe, so jung ich auch noch war, viel Theil daran genommen. Wie ich heran wuchs, machte die Erinnerung dieses Auftrittes immer mehr Eindruck auf mich. Die Freude, womit so viele meiner Nachbarn ihr Vaterland verliessen, um dem Gewissenszwang zu entgehn und in ihrem Glauben frey und ungekränkt zu seyn, hatte etwas Grosses und Reizendes in meinen Augen. Dieß verschaffte den Vorstellungen einiger meiner Freunde und Bekannten, die im Punkt der Religion mit den Kapuzinern nicht Eins waren, leichten Eingang in mein Gemüth. Ich las die Schrift, verglich

glich ihre Lehren mit den päbstlichen, und machte mir meine eigne Religion, deren Grundsätze ich eben nicht sehr geheim hielt, weil ich Recht zu haben glaubte. Damals hatten die Kapuziner, die im ganzen Lande als Mißionnärs herumzögen, überall ihre Spionen, und es konnte nicht fehlen, daß ihnen nicht einige Aeusserungen, die mir in der Hitze verschiedener Religionsdisputen entfuhren, sollten zu Ohren gekommen seyn. Von dem Augenblick an verfolgten sie mich, wo ich nur immer war. Sie kamen sogar in mein Haus, und foderten ein Glaubensbekenntniß von mir. Ich wollte überzeugt seyn und legte ihnen meine Gründe vor; sie waren aber bald am Ende, und ihre Gespräche liefen immer dahin aus: Es käme mir nicht zu, über Glaubenssachen Untersuchungen anzustellen; der Glaube müsse blind seyn, und ich müßte ein Glaubensbekenntniß ablegen. Ich sagte ihnen, es wär mir platterdings unmöglich, etwas gegen meine Ueberzeugung zu glauben; aber alles half nichts. Als ich sah, daß sie mich nicht überzeugen konnten, und ihnen an meiner innern Ueberzeugung auch nichts gelegen war, sagte ich ihnen, sie sollten mich nur in Ruhe lassen; ich stünde ihnen mit Ehre und Leben dafür, daß ich meine Gedanken über die Religion für mich geheim halten und niemand zu meinem Glauben bekehren würde. Umsonst. Täglich brachen sie ungestümm in mein Haus ein, und drangen auf das Bekenntniß eines Glaubens, dem mein Gewissen widersprach. Lieber Herr, ich that alles, was möglich war, um Ruhe zu haben, aber es war unmöglich. Eines Tages kam' ich müde vom Feld nach Haus, und als ich mich bey meinem Brod erquicken wollte, stürmeten wieder die Kapuziner herein. Ich hatte mir seit einiger Zeit vorgenommen, ihnen kein Wort mehr, als: Guten Tag oder guten Abend zu sagen. Als sie ihr altes Geschrey wieder begannen, hörte ich lange ruhig und stille zu, und ließ mir mein Brod desto besser schmecken, je mehr sie mich verfluchten. Wie es aber kein Ende nehmen wollte, kroch ich in den Winkel hinter den Ofen, und dachte, schreyt so lange ihr wollt. Aber auch da war ich nicht sicher. Ich warf mich endlich ungeduldig aufs Bette, und wie der eine auch hier zu mir schritt, und mir in die Ohren schrie, kehrte ich ihm den Hintern zu; aber flugs war der andre wieder auf der andern Seite, und schrie noch ärger als sein Geselle. Endlich ward' ich toll, sagte ihnen, ich wäre Herr in meinem Haus, und wie sie es immer gröber machten, sprang' ich auf, nahm das erste Beste, was mir in die Hände kam (ich glaube es war ein Besen) und jagte sie zur Thüre hinaus. Nun ward ich nicht nur als ein verstockter Ketzer, sondern auch als ein Verfluchter behandelt, der an die geheiligten Priester des Herrn gewaltthätige Hände gelegt. Man nahm mich gefangen, und brachte mich in Ketten hieher. Anfangs litt ich entsetzlich. Hundertmal sagt' ich, man sollte mich nur überzeugen, und ich wollte es dann mit Mund und Blut bekennen; aber alles war vergeblich. Man wollte mich zwingen, in die Kirche zu gehn, zu beichten, meine Gedanken über die Religion zu eröfnen, u. s. w. Ich sagte, ich könnte von meiner Religion weiter nichts offenbaren, als daß ich nicht glaube, was sie glauben. Ueberzeugen wollte oder könnte man mich nicht, und also würd' ich gedultig zur Kirche gehn, wenn man michs hieße, aber ohne deswegen meinen Glauben zu ändern; und zu beichten hätte ich nichts. Das unausstehlichste war mir das unabläßige Dringen der Kapuziner auf ein Glaubensbekenntniß. Alles Bitten, mich zu verschonen, und alle Vorstellung, daß das Bekenntniß des Mundes ohne Bekenntniß des Herzens nach ihrer eignen Lehre nichts hälfe, war umsonst:

Endlich nahm ich mir vor, mich als einen Stummen zu gebehrden, und kein Wort mehr zu reden; welches ich auch 18 ganze Jahre hindurch dem Buchstaben nach hielt. Vor einigen Jahren fieng man an mich gelinder zu behandeln, und seit dieser Zeit hab' ich meine Sprache wieder.„

Der Herr Pfleger bestätigte es, daß dieser sonderbare Mann 18 ganzer Jahre hindurch keine Silbe gesprochen. Und doch sah man während dieser langen Zeit kein Wölkchen des Unmuths oder bösen Laune auf seinem Gesicht. Sich immer gleich that er gelassen und munter alles, was man ihm, ausser der Sphäre der Religion, geboth. Nur einen leichten Zug von Verachtung der Menschen um ihn her will man an ihm bemerkt haben. Wenn man bedenkt, daß sein ziemlich heller Kopf, sein offenes Wesen und sein guter Humor ihm ein natürlicher und sehr starker Trieb zur Geselligkeit und zur Mittheilung seiner selbst seyn müssen, so muß man über seine freywillige Stummheit staunen. Durch sein Wohlverhalten in seiner Gefangenschaft brachte er es dahin, daß ihm der jetzige Fürst, ein sehr toleranter Herr, die Ketten abnehmen ließ, und auf Ansuchen des Herrn Pflegers eine ansehnliche Zulage zu seinem täglichen Unterhalt bewilligte. Er hat sich so viel Zutrauen erworben, daß man ihn zu einer Art von Aufseher über seine Mitgefangenen gemacht hat. Ungeschlossen und ganz frey ward er mit denselben schon mehrmalen zur Arbeit an Orte hingeschickt, wo es ihm sehr leicht war zu entwischen; aber sein Karackter ist mehr Bürge für seine Person, als die stärkste Kette. Er hat sich — ohne es selbst zu wissen — bey seinen Mitgefangenen so viel Ansehn verschafft, daß er sie mit einem Wort besser in der Zucht halten kann, als der Kerkermeister mit dem Stocke. Die Natur hat ihm eine Ueberlegenheit über den grossen Haufen der Menschen zugesichert, ob sie ihn schon in einer Bauernhütte gebahr. Itzt beschäftigt er sich in seinen Nebenstunden freywillig damit, daß er einen jungen Mordbrenner von ohngefähr 16 Jahren, der einigemal aus Muthwillen seines Vaters Haus angezündet und seit einigen Jahren an Ketten liegt, lesen und schreiben lehrt, ohne ihm etwas von seinen Religionsbegriffen mitzutheilen. Diese hält er jetzt so geheim, daß ich mit aller vertraulichen Zubringlichkeit, mit allem Bitten und Versprechen nichts aus ihm heraus bringen konnte. Er antwortete mir nichts, als: „Ich glaube nicht was die Kapuziner glauben, und wünsche mir zu einem vergnügten Leben nichts mehr als eine Bibel.,, Vor einigen Jahren ließ man einigemal seine Frau zu ihm, die er aber ohne die geringste Aeußerung einer Neigung ihrer genießen zu wollen, mit einigen guten und warmen Ermahnungen zu ihrem Besten wieder entließ. Eine Bibel, wornach seine Seele so heftig dürstet, wird man ihm schwerlich gestatten, weil man seiner Schwärmerey nicht noch mehr Nahrung geben will. Alle Salzburger Herrn und Damen, in deren Gesellschaft ich diesen Mann zu sehen die Ehre hatte, äusserten eine gewisse Hochachtung gegen ihn; aber sie waren auch alle einig, daß es eben nicht sehr politisch gehandelt sey, wegen so einer Kleinigkeit, als man von dem Mann gefordert, ein Märterer zu werden.

Das hiesige Landvolk ist ausserordentlich lebhaft und frölich. Die Mädchen in diesen verborgenen Winkeln unsers vesten Landes, alle frisch wie die Rosen und munter wie die Rehe, verstehn sich auf die Künste der Koqueterie so gut als unsere Pariserinnen; nur sind die Reitze, womit sie auf Eroberungen ausgehn, natürlicher als bey diesen. Ihr gewölbter Busen, dessen Umrisse sie sehr sorgfältig oben und auf den Seiten des Brustlatzes zu entfalten suchen, ist kein Betrug eines lügnerischen Halstuches, oder einer holen Schnurbrust. Sie wissen das Schöne ihrer Kleidung ganz zu ihrem Vortheil zu benutzen. Wenn sie einen Liebhaber glücklich machen wollen, so macht ihnen weder die Schande einer unehelichen Geburth, noch die Besorgniß ein Kind ernähren zu müssen einige Bedenklichkeit. Die Sitten setzen sie über das erste, und die Leichtigkeit des Unterhaltes eines Kindes über das andre hinaus. Die Strafe, die sie für einen Fehltritt von der Art erlegen müssen, ist kaum ernennenswerth. Die Kindermorde sind daher hier zu Lande äusserst selten. Ohne allen Zwang, ohne alle Zurückhaltung überläßt man sich hier dem Triebe der Natur. Die Mädchen nehmen in der offenen Kirche den lauten Gruß und Handschlag von ihrem Geliebten an. Beym nächtlichen Besuch hat aber der Liebhaber einen harten Stand. Die Witterung mag noch so unfreundlich seyn, so wird ihm die Thüre oder das Fenster doch nicht eher geöfnet, bis eine gewisse Losung gegeben ist, die gemeiniglich in langen Reimen besteht, worinn er sein Leiden und Sehnen in einer mysteriösen Sprache zu erkennen geben muß, und die das Mädchen Reim - oder Strophenweis beantwortet. Diese Sitte ist uralt, und in den entlegnern Theilen dieses Gebirges unverbrüchlich. Die Bekanntschaft und der Genuß beyder Liebenden mag noch so lange gewähret haben, so dörfen sie sich doch nicht darüber hinaussetzen. Sehr selten läßt ein Bauernjunge sein Mädchen sitzen, wenn er es auch erst nach 2 bis 3 Kindbetten heyrathen kann.

Die Bewohner dieser Berge sind mit ihrem Zustand so vergnügt, daß sie ihr Land für eine Art von Paradies halten. Die Einwohner des sogenannten Dintner-Thales, einer scheußlichen Kluft zwischen nackten Felsen, die vom Dintenbach durchströmt wird, haben das Sprüchwort: Wenn einer aus dem Himmel fiele, so müße er ins Dintner-Thal fallen; welches so viel sagt, als, dieses Thal sey der zwente Himmel. Ich konnte lange nicht ausfindig machen, warum die guten Leuthe einen so hohen Begriff von einem Schlund haben, der oft viele Wochen lang so verschneyet ist, daß kein Mensch weder heraus noch hineinkommen kann, und der mit einigen benachbarten, viel reißendern Gegenden so stark absticht. Ich nahm es anfangs für Ironie; aber ich erfuhr endlich daß es voller Ernst sey, und daß die uneingeschränkte Freyheit, welche die Bewohner dieses seltsamen Paradieses zu genießen haben, ihnen die grosse Hochachtung für daſſelbe eingeflößt hat. Sie beſtehn blos aus einigen Hirten, Bergwerkleuthen und Eiſenſchmelzern, die faſt ganz von Abgaben frey ſind, und auf welche die Obrigkeit in Betracht des geringen Ertrags und der Entlegenheit dieſer Gegend wenig Acht hat— Die Abgaben der hieſigen Landleuthe ſind überhaupt ſehr mäſig, und die Befreyung von den Erpreſſungen, worunter die übrigen Völkerſchaften Deutſchlands ſeufzen, mag das meiſte zu dem guten Humor beytragen, welcher in dieſem ganzen Gebirge herrſcht. Die Fürſten lieſſen es bisher bey dem Anſchlag der Güter bewenden, der ſeit Jahrhunderte alt iſt, und alſo mit dem jetzigen Werth der Dinge in einem geringen Verhältniß ſteht. Der jetzige Fürſt hat durch ſeinen Entwurf, neue Urbarien machen zu laſſen und die Schatzungen zu erhöhen ein kleines Murren im Lande erregt. Wirklich iſt er nach dem Verhältniß der Gröſſe und des Reichthums ſeines Landes im Punkt der Einkünfte weit hinter den übrigen Fürſten Deutſchlands zurück, und in Betracht deſſen wäre ihm dieſer Entwurf wohl zu verzeihen. Aber die ſchlimmen Folgen ſeiner groſſen Liebe zur Jagd, wovon er vermuthlich nichts weiß, und die ohne Zweifel bloß das Werk seiner Bedienten sind, haben einen stärkern Zug von Despoterey, als die Erhöhung der Schazungen, die dann doch unter der Garantie der Landstände auf eine lange Zeit vestgesezt bleiben, und nicht, wie jene Wirkungen einer persönlichen Leidenschaft, willkürlichen, augenblicklichen und gewaltthätigen Erweiterungen ausgesezt sind. In verschiedenen Gegenden ist den Bauern verbothen worden, ihre Schafe auf gewisse Waiden zu treiben, die an grosse Holzungen anstossen, damit dem gehegten Wild das Futter nicht entzogen werde. Ich habe dir gesagt, daß sich der hiesige Bauer meistens von seiner eignen Schur sein Tuch und Wollenzeug selbst macht. Verbothe von dieser Art müssen also auf viele Wirthschaften einen sehr schädlichen Einfluß haben. Der hiesige Bauer ist gegen alle Neuerungen sehr empfindlich. Es gab schon Auftritte, wo diese Bergbewohner laut sagten, sie wollten sich auf den Fuß der Schweizer sezen. Läßt es aber ein Fürst beym Alten bewenden, so sind sie ihm unbeschreiblich zugethan — O! wüßten doch die Fürsten die Liebe ihrer Unterthanen, ihrer Nebenmenschen zu schäzen.

Viele der hiesigen Bauern tragen noch lange Bärte und den Hals und die Brust zu jeder Jahreszeit offen. Diese ist dann von der Sonne und der Luft gebräunt und meistens stark behaart. In einiger Entfernung sehn sie schrecklich aus; aber in der Nähe macht sie ihr freundlicher Blick und das unverhehlbare Gepräge der Redlichkeit willkommen. Sie sind muthig und stark, und würden bey einem Angriff in Vertheidigung ihres Landes förchterlich seyn; aber ausser ihrem Lande sind sie nach dem Geständniß der erfahrensten hiesigen Officiers keine guten Soldaten. Sie bekommen wie alle Bergbewohner gerne das Heimweh, und das Eigenthümliche ihrer von Jugend auf gewohnten Lebensart, welches sie in der Fremde entbehren müssen, macht sie oft in einem Feldzug unbrauchbar. Zum Glück hat ihr Landesherr mit der Erhaltung des Gleichgewichts unter den europäischen Mächten wenig zu schaffen — Uebrigens sind sie viel gefälliger und nicht so gewinnsüchtig, wie die Landleuthe in den meisten Gegenden der Schweiz, die, so sehr sie allen Abgaben Feind sind, die Fremden bey jeder Gelegenheit gerne in schwere Kontribution setzen. Ich habe häufige Proben, daß hiesige Bauern auf grosse Strecken mit mir gegangen sind, um mir den Weg zu zeigen, und mir noch mehrere kleine Dienste gethan haben, ohne eine Belohnung annehmen zu wollen. Leb wohl.

XVI.

Salzburg.

In Pilatis Reisen durch verschiedene Länder von Europa erinnere ich mich eine Anekdote gelesen zu haben, welche die Intoleranz der Salzburger schildern soll. Es ist wahr, man schreyt allen Leuthen ohne Unterschied auf der Strasse zu, sich vor dem heil. Sakrament, wenn es in der Prozeßion oder zu einem Kranken getragen wird, niederzuknieen, und die persönliche Grobheit des jetzigen Küsters macht es etwas zu auffallend. Auch hörte ich einige gutherzige Mädchen von einigen Protestanten, die sich auf eine kurze Zeit hier aufhalten, und meine Freunde sind, mit dem Ton des innigsten Mitleids sagen: Schade, daß sie Lutheraner sind! Allein, das Niederknieen vor dem Sakrament ausgenommen, welches jeder leicht vermeiden kann, weil man den Küster schon in grosser Ferne schellen hört, wüßte ich nicht was hier ein Protestant zu befőrchten hätte. Unter dem Adel, der Geistlichkeit und der Kaufmannschaft giebt es vortrefliche Gesellschaften, worin man ohne Unterschied der Religion wohl aufgenommen wird. In mehrern Gasthäusern kann man um Geld und gute Worte auf die Fasttäge Fleisch haben, und der Pöbel, der besonders in kleinen Residenzen sehr leicht den Ton des Hofes annimmt, hat unter der jetzigen Regierung viel von der heiligen Grobheit verloren, woran ihn die Bigoterie des vorigen Fürsten gewöhnt hatte.

Unter dem Adel, besonders den Dohmherren giebt es nicht nur sehr gute Gesellschaften, sondern auch Leuthe, die sich durch ihre ausgebreiteten Kenntnisse sehr ausnehmen. Der jetzige Dohmprobst, ein Bruder des berühmten Grafen von Firmian, Vicegouverneurs von Mayland, ist mit den besten italiänischen, französischen, deutschen und englischen Schriftstellern sehr genau bekannt. Die Sammlung der letztern ist in seiner ausgesuchten Bibliothek fast ganz vollständig. Er ist ein sehr liebenswürdiger Herr, der von den 20000 Gulden, die ihm seine Pfründe einträgt, den besten Gebrauch zu machen weiß. Der Obersthofmeister des Fürsten, ein andrer Bruder des berühmten Vicegouverneurs ist ein grosser Liebhaber und Kenner von Gemählden. Seine reiche Sammlung von Porträten von Künstlern, meistens von ihnen selbst gemahlt, ist nach jener zu Florenz einzig, und giebt derselben wenig nach. Der Gram über einen der schrecklichsten Unglücksfälle, die einen Vater treffen können, hat seine Seelenkräfte sehr geschwächt, und die unbeschreibliche und fast kindische Güte, die aus seinen Gesichtszügen leuchtet, mit einem kleinen Gewölke überzogen. Sein erster Sohn, der Hofnungsvollste Herr, war Dohmherr zu Passau, und die Familie konnte erwarten, in ihm mit der Zeit einen Bischof, oder gar einen Erzbischof von Salzburg zu sehn. Der zärtliche Vater besuchte ihn und machte mit ihm eine Jagdparthie. Als sie auf einem Schlitten nach dem Gehölze fuhren, gieng dem Vater die Flinte los, und die unglückliche Kugel fuhr seinem Sohn durch die Brust. Wie ein Rasender sprang er ins nahe Gebüsche, raufte sich die Haare und wälzte sich im Schnee. Mit Gewalt mußten ihn die Jäger von der Stette bringen — Ein Graf Wolfegg, Dohmherr, hat eine Reise durch Frankreich gemacht, um unsre Manufakturen und Handwerker zu studieren. Er ist mit allen unsern berühmten Künstlern bekannt und sein Lieblingsfach ist die Baukunst, worinn er wirklich vortreflich ist. Der Oberstallmeister, Graf von Kienberg ist ein weitumfassender Kopf, äusserst gefällig, witzig und einnehmend im Umgang. Seine niedliche Bibliothek enthält alle unsere guten Schriftsteller, und bey ihrer Anlage ist kein Index librorum prohibitorum zu Rathe gezogen worden. Der Bischof von Chiemsee, Graf von Zell und noch viele andre vom hohen Adel, sind wegen ihrer Kenntnisse und ihrer guten Lebensart verehrungswürdige Leuthe.

Der hiesige hohe Adel besteht gröstentheils aus östreichischen Familien und zeichnet sich durch Herablassung, Weltkenntnis und Sitten von dem dummstolzen Troß der bayrischen und schwäbischen Baronen auffallend aus. Aber der kleine hiesige Adel, der grosse Schwarm der kleinen Hofleuthe, macht sich durch seine erbärmliche Titelsucht und seinen elenden Stolz lächerlich. Du findest hier gegen 100 gnädige Herrn, die von 3 bis 400 Gulden auf Gnade des Hofes leben, und die du nicht gröber beleidigen kannst, als wenn du zu ihnen: Mein Herr, oder zu ihren Weibern: Madame, sagst. Man muß sich hier angewöhnen immer über das dritte Wort, Euer Gnaden, zu sagen, um nicht für einen Menschen ohne Lebensart gehalten zu werden. Wegen der unbeschreiblichen Armuth unter diesem Theil der Einwohner findet man eine Menge gnädiger Fräulein, welche die Dienste der Haushälterinnen und barmherzigen Schwestern verrichten. Sie beklagen sich alle, daß ihnen der Hof keine hinlängliche Besoldung giebt, um ihrem Stand gemäs leben zu können. Ich habe aber nicht ausfindig machen können, was eigentlich ihr Stand sey. Fast alle haben weder Güter noch Kapitalien, und da sie es für eine grosse Erniedrigung halten, ihre Kinder zu Handwerkern, Fabrikanten, Künstlern oder Handelsleuthen zu erziehen, so sieht sich der Hof genöthigt, die Besoldungen so klein als möglich zu machen, um den vielen gnädigen und gestrengen Herrn, von denen 2. Drittheile zu seiner Bedienung überflüßig sind, grade so viel geben zu können, daß sie nicht verhungern. Ihr Stand ist also nichts als der gute Willen des Hofes, eine grosse Menge unnützer Bedienten zu ernähren und ihr kühnes Vertrauen auf diesen guten Willen. Wenn man ihnen übrigens die gehörige Titulatur giebt, so sind sie die artigsten geselligsten und dienstfertigsten Geschöpfe von der Welt. Sehr viele von ihnen beschäftigen sich auch mit der Lektur

der

der deutschen und französischen Dichter, besonders jener, die für das Theater gearbeitet haben. Die Theaterwuth herrscht hier so stark, als zu München, und man lechzt nach der Ankunft einer fahrenden Schauspielergesellschaft wie im äussersten Sibirien nach der Wiederkehr des Frühlings. Ein französischer Ingenieur, in Diensten des Fürsten, hat ihnen ein niedliches Bühnlein gebaut, mit einigen säuberlichen Statuen und Säulen, die aber nichts zu tragen haben, als ein dünnes Brett vor dem Vorhang, mit dem Wappen des Fürsten.

Im Ganzen glaube ich hier mehr Aufklärung bemerkt zu haben, als zu München. Obschon der Landesherr ein Geistlicher ist, so giebt es hier nach dem Verhältniß der Grösse beyder Länder doch lange nicht so viele Klöster, als in Bayern, und die hiesige Geistlichkeit zeichnet sich durch gute Zucht, Demuth, Bestrebung ihrem Beruf nachzukommen und andere Tugenden von der bayrischen sehr aus. Man versteht hier die Regierungskunst unendlich besser, als zu München. In Rücksicht auf den Kopf kann man von dem jetzigen Fürsten nicht gutes genug sagen, aber — sein Herz kenne ich nicht. Er weiß, daß er den Salzburgern nicht sehr angenehm ist, und verachtet sie daher und verschließt sich. Ich glaube die Vorwürfe die man ihm macht, sind sehr übertrieben. Man will berechnet haben, daß er jährlich gegen 300000 Gulden nach Wien an seine Familie schicke, und dem Land also einen guten Theil seines Markes entziehe. Ein Theil der Landesstände, nämlich fast das ganze Dohmkapitel hat beym Reichshofrath zu Wien einen Prozeß gegen ihn anhängig gemacht, und besonders die Beschwerde angebracht, daß er aus ihrer Kasse gegen Scheine vieles Geld genommen, und sie nun die Kisten anstatt klingender Münze voll Papier hätten, ohne abzusehn, wie es in baares Geld verwechselt werden könnte. Ich weiß nicht, in wie weit die Klagen des hochwürdigen Dohmkapitels gegründet sind, aber so viel ist gewiß, daß er in Rechtfertigung seiner selbst ungemein viel Feinheit und Verstand geäusert hat, und daß einige Dohmherrn gleich von Anfang seiner Regierung gegen ihn aufgebracht waren, weil sie sich Hofnung zu der erzbischöflichen Würde gemacht hatten, die aber vom Hof zu Wien dem jetzigen Fürsten zugedacht war. Das was er das Land geniessen läßt, so wenig es auch seyn mag, verwendet er wenigstens mit ungemein viel Verstand zum Besten desselben, und gemeiniglich zu guten Erziehungsanstalten. Er schont seine Geistlichkeit nicht, und hat den hiesigen Augustinern auf einmal gegen 100000 Gulden weggenommen, und die eine Hälfte dieser Summe für sich, die andre aber zum Genuß des Publikums bestimmt. Er ist in allem, sogar auch in seiner einzigen Paßion, der Jagd, äusserst sparsam, und mit einem Bataillon wakerer Soldaten, einem der schönsten, die ich je gesehen, dessen Officiers ihm sehr zugethan sind, und welches ganz auf östreichischen Fuß gesetzt ist, kann er sich über alles Murren hinaussetzen.

Alles athmet hier den Geist des Vergnügens und der Lust. Man schmaußt, tanzt, macht Musicken, liebt und spielt zum Rasen, und ich habe noch keinen Ort gesehen, wo man mit so wenig Geld so viel sinnliches geniessen kann — Seit einiger Zeit soll die Venusseuche stark eingerissen haben. Doch die vielen blühenden Gesichter der mannbaren Mädchen, deren Gürtel fast durchaus gelöset sind, macht mich glauben, daß bloß die Neuheit das Uebel so groß macht — Man spricht hier von religiösen und politischen Gegenständen mit einer Freyheit, die der Regierung Ehre macht, und in den Buchläden kann man wenigstens die deutschen

Schriften fast ohne Einschränkung haben — Einer der Haupttummelplätze der öffentlichen Lustbarkeit ist der eine Stunde von hier entlegene Fürstliche Garten Hellbronn, wo Bier und Wein geschenkt wird. Das merkwürdigste in demselben — einige vortrefliche Statuen von Marmor ausgenommen — ist ein grosser Park, in dessen Mitte sich ein waldigter Berg erhebt. Auf einer Seite bietet er eine schrofe Felsenstirne dar, die einer Heerde Steinböcke zum natürlichen Aufenthalt dient, und welche man wegen ihrer zunehmenden Seltenheit in den Gebirgen des Landes hier nachziehn will. Auf der entgegengesetzten Seite enthält dieser Berg in einer Kluft ein in den natürlichen Felsen gehauenes Theater, und auf der Vorderseite desselben steht im Schatten bejahrter Eichen und Buchen ein kleines Schloß, welches über einen Theil des Parks, den Garten und die Gegend umher bis zu den hohen Granitgipfeln gegenüber eine prächtige Aussicht beherrscht. Am Fuß des Berges waidet eine ungeheure Heerde Damhirsche, und in verschiedenen Nebenabtheilungen werden andre Gattungen von Gewilde aufbehalten. Auf der andern Seite stossen an den Garten eine kostbare Fasanerie, Teiche für Biber, und verschiedene Behältnisse für seltsame Thiere. Alles ist für jedermann offen.

Die hiesige Universität erhält sich durch die Kongregation der Benediktiner Klöster, welche sie mit Lehrern besetzen. Den studierenden Unterthanen der schwäbischen Reichsprälaten, die mit im Bund sind, dient es zu einer Empfehlung, wenn sie zu Salzburg absolvirt haben, und auſſer diesen und den Eingebohrnen findet man wenige Studierende hier, obschon ein groſſer Theil der Lehrstüle mit sehr wackern Männern besetzt ist. Der Fonds der Universität ist zu klein, als daß alle die Fächer, worüber sich in unsern Zeiten das Reich der Wissenschaften ausgebreitet hat, gehörig besorgt werden könnten. Die sämtlichen Einkünfte derselben belaufen sich nicht viel über 5000 Gulden.

Zu dem Nationalstolz, welcher unter diesem Völkchen herrscht, weiß ich nicht, was ich sagen soll. Mir ist alles, was zum Glück der Menschen etwas beyträgt, gewissermassen ehrwürdig, so gering und unbedeutend es auch seyn mag. Wie unglücklich wären wir, wenn man uns die Spiele und Täuschungen unserer Einbildung nehmen wollte? Die Einwohner dieser Stadt ärgern sich höchlich darob, wenn man sie Bayern heißt. Ich dachte weil ihr Land im Kreis dieses Namens läge, so wären sie so gut Bayern, als die Würtemberger Schwaben sind. Aber man belehrte mich sehr umständlich, daß die Vergleichung mit Schwaben nicht statt hätte, weil kein einzler Theil desselben ausschliesslich Schwaben hieße, daß der banrische Kreis seinen Namen von dem Herzogthum hätte, weil es der gröste Theil desselben sey, daß aber dieser Kreis im Grunde eben so gut der salzburgische heissen könnte. Man will hier mit den Bayern gar nichts gemein haben, und setzt sie sehr tief unter sich. Etwas mehr Geschmack, und gute Lebensart, und etwas weniger Bigoterie muß man den Salzburgern vor den Bayern einräumen; aber daß man den Abstand groß macht, und die Bayern gar unter die Thiere herunter setzt, das muß man der mächtigen Fee Phantasie zu gut halten. Wenigstens sollten aber die hiesigen Herrn und Damen bedenken, daß wenn es jetzt hier zu Lande etwas heiterer ist, als unter dem banrischen Himmel, sie es bloß dem jetzigen Fürsten zu danken haben, der die magischen Dünste des Aberglaubens mit seinem geheiligten Stab aus seinem Gebiethe verscheucht. Eine eben so schnelle Revolution kann in kurzer Zeit die Bayern weit über ihren jetzigen Zustand hinaus setzen. Man hat hier noch Denkmale genug von der Finsternis die vor 15 und 20 Jahren sich über den hiesigen Horizont gelagert hatte. Im hiesigen Gefängnis der Geistlichen sitzt noch ein Pfarrer, der, um seiner Gemeinde einen starken Haß gegen die Sünde und eine lebhafte Forcht vor der Hölle einzujagen, seinen Schulmeister als einen Teufel ankleidete, ihn unter der Kanzel versteckte, und auf seinen Ruf mitten in der Predigt neben ihm erscheinen ließ, um Zeuge der Wahrheit zu seyn.

Für einen Mineralogen und Botaniker wäre dieses Land äusserst interessant; es hat aber das Unglück, wenig bekannt zu seyn, wenn das Geräuschemachen zum Glück der Menschen unumgänglich nöthig ist. Dieser Schatz ist der Zukunft aufbehalten, wenn einmal das Land ein Genie erzeugt, das seine Aufmerksamkeit auf diese Gegenstände wendet, oder der Schwarm der müßigen Reisenden, welcher wechselweise die Alpen, die Apenninen, den Aetna, die Pfrenäen, u. s. w. gleich den Heuschrecken überzogen hat, endlich einmal auch seinen Flug in dieß Gebirge nimmt, und durch sein Geschrey ein ausländisches Genie zur Untersuchung reizt. Das Zillerthal ist besonders reich an verschiedenen Steinarten, und in verschiedenen Gegenden des Gebirges findet man von den seltensten europäischen Pflanzen. Ueber den Bau der Berge, über die Wirkungen und Produkten des Wassers in denselben, und über ihre zu erwartende Revolutionen ließen sich hier herrliche Hypothesen spinnen.

Ich muß dir noch von einem Fürstenthum des heiligen römischen Reiches Nachricht geben, von dessen Daseyn schwerlich ein Geograph bey uns etwas weiß. Es ist das Fürstenthum Berchtoldsgaden, welches ich dir auf der Spitze des Unterberges, der seine nördliche Gränze ist, zu einem flüchtigen Ueberblick schon gezeigt habe. Es besteht in einem kleinen, engen, mit den steilsten Felsen ringsum vermaurten Thale, welches kaum 3000 Seelen enthält. Einige Seen nehmen den Boden des Thales ein, und eine ungeheure Waldung bedeckt die niedern Abhänge der Berge. Auf einer Insel des grösten Sees hielten wir vor einigen Tagen ein herrliches Mahl mit Fischen aus demselben, einigen niedlichen Fleischgerichten und kostbarem Tyroler Wein. In den tiefsten Schlünden und Klüften fehlt es hier an guten Köchen nicht. Die Natur des Landes ist weder dem Uckerbau noch einer einträglichen Viehzucht günstig. Die Einwohner haben daher ihre Zuflucht zum Kunstfleiß genommen, der die Menschen in keinem

Winkel der Erde darben läßt, und sinnreich und mächtig genug ist, alles auch die härtesten Steine in Brod zu verwandeln. In diesem unbekannten Thale, Bruder, wird der gröste Theil der Quinkaillerie verfertigt, womit Nürnberg und Augspurg einen so ausgebreiteten Handel treiben. Die Steckenpferde, Raspeln, Guguck, hölzerne Männchen, Weibchen, Ratten, Mäuse und all das Spielwerk für kleine Kinder; die Kruzifixchen, beinerne Spielzeichen in den so niedlichen Strohkästchen, die Puder- und Pomadebüchsen, und all das Spielzeug für die grossen Kinder, und kurz der größte Theil der Artickel, die man bey uns unter dem Titel der deutschen Waare begreift, kömmt aus diesem verborgenen Schlund. Es ist ein angenehmes Schauspiel, 2 bis 3 Familien von den fast unmündigen Kindern an bis zu den Greisen in einer engen Hütte mit so seltsamen Produkten beschäftigt und die kleinsten Arbeiten von den plumpsten Bauernhänden verfertigen zu sehn. Wegen des erstaunlich geringen Preises ihrer Waaren können sie zwar keine Reichthümer sammeln; aber sie nähren sich alle redlich und haben genug. Die guten Leuthe wissen nicht, daß ihre Produkten bis zu uns, und mit grossem Gewinn von den Spaniern nach Amerika und den Engländern nach Ostindien geführt werden. Ein kleiner Theil derselben beschäftigt sich mit dem Salzsieden; aber da sie diesen Artickel bloß durch Bayern ausführen können, und dieses Land so überflüßig damit versehen ist, so müßen sie es um einen Spottpreiß weggeben. Auch empfinden sie den Druck eines mächtigern Nachbars von der salzburgischen Seite. Salzburg soll seine Salzminen schon weit über die Berchtoldsgadner Gränze fortgesetzt haben, ohne daß man auf die Klagen dieses bedrängten Fürstenthümchens achtet. Auſſer diesem Thal, welches die unmittelbaren Reichs- und Kreislande der gefürsteten Probsten ausmacht, besitzt sie noch einige Güter in Oestreich und Bayern, und ihre sämmtlichen Einkünfte mögen sich auf ohngefähr 60000 Gulden belaufen. Durch die Verschwendung einiger ehemaligen Pröbste ist sie in drückende Schulden gerathen.

XVII.

Paſſau.

Von Salzburg fuhr ich auf der Salza und dem Inn zu Schiffe hieher. Waſſerreiſen haben in Betracht der zahlreichen Geſellſchaft, die man öfters trift, ungemein viel Reitz für mich. Bis nach Burghauſen war das Schiff geſtopft voll. Da ſtieg die Hälfte meiner Reiſegefährten aus; um nach dem nahgelegenen Oettingen zu wallfahren. Sie beſtand aus einem Schwarm junger Leuthe beyderley Geſchlechts, denen man ſehr deutlich anſah, daß ſie auf dieſer heiligen Fahrt nichts weniger vorhatten, als ihre alten Sünden zu büſſen. Wenn der erſte Verführer dieſer Mädchen nach der Ausſage unſerer Moraliſten alle Schuld der Sünden tragen muß, die ſie nachher begehen, ſo machen ſie ihm aus Rache gewiß die Hölle heiß genug. Im Wirthshaus zu Burghauſen blieben wir noch die Nacht über beyſammen, und ich hatte viel Gelegenheit zu bemerken, daß meine Wallfahrer reichen Stoff zu ihrer bevorſtehenden Beicht ſammeln wollten.

Es blieb mir noch zu meiner Unterhaltung Gesellschaft genug übrig, ob ich gleich einen östreichischen Werber mit seinen Rekruten und einige Studenten, die in die Ferien giengen, nicht geniessen konnte. Es schmiegte sich ein gnädiges Fräulein von Salzburg an mich, welches nach Wien wollte, um dort die Dienste einer Köchin oder eines Stubenmädchens zu verrichten, weil ihr Stand es ihr nicht erlaubte, sich auf diese Art in ihrer Vaterstadt zu ernähren. Das gute Kind nahm mich durch seine Gefälligkeit, sein gutes Herz, seinen Geschmack und seine ziemlich mannichfaltigen Kenntnisse wirklich ein. Es mußte mir versprechen mir zu Wien nachzufragen, und mir zu sagen, wozu ich ihm allenfalls gut seyn könnte. Ein junges Frauenzimmer muß in einer fremden grossen Stadt in der ersten Zeit seines Aufenthalts äusserst verlegen seyn.

Wir fuhren auf der Gränzscheidung zwischen Oestreich und Bayern. Das kleine Stück von Bayern, welches Oestreich vor kurzem in Besitz genommen, und welches wir zur Rechten hatten, beträgt nicht über 38 deutsche Quadratmeilen, und enthält kaum 60000 Menschen. Die Einkünfte daraus belaufen sich auf ohngefähr 180000 Reichsthaler, und es ist kaum den achten Theil der Kosten werth, den Oestreich auf die Eroberung desselben verwendet. Der Plan dieses Hauses bey dieser Unternehmung war aber viel weit aussehender als man zu Versailles dachte, wo man den ganzen Handel wie einen Streit um eine Nußschale betrachtete. Es war nicht das erstemal, wo der preußische Hof unser hochweises Ministerium von den Folgen belehren mußte, die die Schritte gewisser Höfe nach sich ziehen würden, und die es ohne diese Belehrung nie überdacht hätte. Als der König von Preussen die östreichischen Ansprüche mit der Feder eben so nachdrücklich als mit dem Degen bestritt, und der Wiener-Hof sich durch Rußlands Erklärung vollends genöthigt sah, zu friedlichen Unterhandlungen zu schreiten, that er den Vorschlag, den Inn bis unter Wasserburg zur Gränze zwischen Bayern und seinen Landen zu machen, und sie von da über die Iser, die Donau und durch die Oberpfalz bis an Böhmen zu ziehn; dagegen wollte er einige seiner Besitzungen in Schwaben dem Hof zu München abtretten. Unser Minister, Herr von Breteuil, soll sehr geneigt gewesen seyn, diesem Vorschlag seinen Beyfall zu geben; aber die genaue Kenntniß, die der Hof zu Berlin von dem Zustand und der Lage dieser Bezirke hatte, setzte ihn in

Stand, unsern und den rußischen Ministern die Augen zu öfnen. Er belehrte sie, daß das östreichische Schwaben kein Aequivalent gegen diesen grossen Theil von Bayern seyn könnte, weil die Einkünfte, welche Oestreich zum Maaßstab der Vertauschung annehmen wollte, im erstern aufs Höchste getrieben, die bayrischen Lande aber in Betracht ihres bisherigen schlechten Anbaues in kurzer Zeit zu einem ungleich grössern Ertrag gebracht werden könnten. Er zeigte ihnen, daß Oestreich durch diesen Vergleich viel mehr gewinnen würde, als es schon wirklich von Bayern in Besitz genommen, indem ihm die Salzquelle zu Reichenhall und der Handel mit dem salzburgischen Salz zufiele, und es also nicht nur die noch übrigen bayrischen Lande, sondern auch den größten Theil von Schwaben und der Schweitz in einem wichtigen Bedürfniß von sich abhängig machte; daß Salzburg und Passau dem Hof zu Wien so gut als unterthänig gemacht würden, und daß endlich die Besitzungen des Hauses Pfalzbayern wegen der zerstreuten Lage des östreichischen Schwabens auf keiner Seite Konsistenz hätten, und die Macht dieses Hauses in Rücksicht auf den äussern Gebrauch derselben so gut als vernichtet seyn würde. Diese Vorstellungen wirkten so viel, daß der Kaiser die Arrondirung seiner deutschen Lande bis auf eine günstigere Zeit verschieben mußte. Ich glaube über lang oder kurz müssen sich die Bayern doch noch unter den östreichischen Zepter beugen, so sehr sie auch dagegen eingenommen sind. Ich als Weltbürger und Menschenfreund, der — wenn es um Erbschaften grosser Länder zu thun ist, mehr das Wohl meiner Mitgeschöpfe als das strenge Recht zu Rathe zieht, wünsche meines Theils, daß diese Veränderung sehr bald geschehen möchte. Auch eine viel bessere Regierung, als die jetzige ist, kann den Bayern die Vortheile nicht gewähren, die sie bloß von der Vereinigung ihres Landes mit Oestreich zu erwarten haben. Bevestigte Ruhe, ein leichterer Absatz ihrer Produkte und eine gemächlichere Versorgung mit den Bedürfnissen, die ihnen die Natur versagt, den östreichischen Landen aber gewährt hat, sind natürliche Folgen dieser Revolution. Nimmt man die persönlichen guten Eigenschaften des jetzigen kaiserlichen Hauses in Rücksicht auf Regierungskunst dazu, so muß man den Bayern glückwünschen, wenn Oestreich einmal seine Ansprüche auf ihr Land mit mehr Nachdruck geltend macht.

Passau ist eine arme, schlecht gebaute Stadt, den um die Residenz des Fürsten und gegen die

Donau zu gelegenen Theil ausgenommen. Sie lebt bloß von dem kleinen Hof, deſſen Einkünfte ſich auf ohngefähr 220000 Gulden belaufen ſollen, und von den Dohmherrn, deren Pfründen unter die fetteſten in Deutſchland gerechnet werden. Man ſchätzt eine derſelben auf etwas mehr als 3000 Gulden, da eine ſalzburgiſche nicht über 2600 Gulden einträgt. Aber faſt alle Dohmherrn beſitzen 2, 3 bis 4 Pfründen zugleich, und ſind noch Glieder der Kapitel zu Salzburg, Augſpurg, Regenſpurg, u. a. m., und daher giebt es in Deutſchland wenige Dohmherrn, deren Einkünfte ſich nicht über 5000 Gulden belaufen. Die Einwohner der geiſtlichen Reſidenzſtädten ſehen ſich alle gleich. Schmauſſen und H —— —— iſt ihre größte Beſchäftigung, und ihre Armuth und der gute Humor, der ſelten einen Liebhaber dieſer Beſchäftigungen verläßt, macht ſie ſehr gefällig, dienſtfertig und geſchmeidig —— Der hieſige Dohm iſt ein ſehenswürdiges, gothiſches Gebäude. Der Sprengel des Biſchofs, welcher unmittelbar unter dem Pabſt ſtehet, erſtreckt ſich faſt bis nach Wien. Seine geiſtliche Gewalt im öſtreichiſchen iſt aber ſehr eingeſchränkt. Mit der Zeit dörfte ſein Sprengel leicht

leicht bis vor die Thore seiner Residenz eingeschränkt werden; denn auf der Gränze des ve-
netianischen Gebiethes und noch an mehrern
Orten hat der kaiserliche Hof deutlich genug
geäussert, daß er sein Gebiethe von aller fremden geistlichen Jurisdiktion so viel als möglich
unabhängig machen will — In dem hiesigen
kleinen Lande giebt es vortrefliche Porzellän-
und Hafnererde. Die erstere wird bis an den
Rhein verführt.

Einige Leuthe die über Helvetien geschrieben,
wollen diesem Lande mit aller Gewalt die Ehre
beymessen, daß dasselbe, und nicht das Schwabenland die eigentliche Quelle der Donau sey.
Ihr Hauptbeweisgrund ist, daß hier bey dem
Einfluß des Inns in die Donau der erstere
Strom eine grössere Masse Wasser habe, als
der letztere. Die Sache ist im Grunde nur ein
Wortstreit; denn wer will dem Publikum das
Recht streitig machen, die Flüsse nach seiner
Willkühr zu benennen. Der Fluß Brege im
Schwarzwald, welcher an dem Ort seiner Vereinigung mit der eigentlichen Donau, ungleich
stärker ist als diese, muß sich schon gefallen
lassen, seinen Namen dem Eigensinn des Publi-
kums aufzuopfern. Aber auch der Beweis,

P

den die Freunde der Schweitz für den Inn wollen gelten machen, beruht bloß auf einem Scheingrund. Man kann einen sehr kleinen bestimmten Theil eines Flusses nicht zum Maaß der ganzen Grösse desselben annehmen. Ein lockerer Boden des Bettes, ein stärkerer Strom, u. dg. m. machen die Masse des Wassers in einem Fluß zufälligerweis sehr verschieden. Hier, wo sich der Inn mit der Donau vereinigt, strömt diese zwischen Bergen mächtig daher, und hemmt den erstern, der ihr in die Quere kömmt, und sich auf einem flächern und weichern Boden bey seiner Mündung mehr ausbreiten kann. Die Donau läßt hier zuverlässig in dem nämlichen Zeitraum viel mehr Wasser vorüberströmen, als der aufgehaltene Inn, und ist weit über Regenspurg, noch ehe sie die starken Flüsse, Altmühl, Nab, Regen und Iser zu sich genommen, schon ein mächtigerer Strom, als der Inn zwischen Wasserburg und Innspruck, welcher durch die sehr unstete Salza im Durchschnitt eben nicht viel Zusatz bekömmt. Schwaben hat ohne Widerrede die Ehre, die Mutter des gewaltigen Donaustroms zu seyn, mit dem sich unter den europäischen Flüssen nur die Wolga messen kann.

Wenn man das ganze Gebiethe der 2 Flüsse, die sich hier vereinigen, bis an ihren Zusammenfluß überschaut, so ist jenes des Inns in Betracht der Krümmung zwar ein wenig länger, aber viel schmäler, als das weite Donaugebieth. Bis unter Kuffstein fließt der Inn in einem sehr engen Thale, dahingegen die Donau Oberschwaben und Bayern in der ganzen Breite beherrscht. Die Iller und der Lech sind bey ihrem Einfluß in die Donau auf ihrem langen Lauf schon so stark geworden, als der Inn bey Inspruck ist. In einem sehr engen Thale bekömmt dieser Fluß keine Nahrung, als von kurzen Gletscher- und Waldbächen, indessen die Donau alle Säfte eines der wasserreichsten Länder, das etliche und 40 Meilen in die Länge und 20 in die Breite hat, verschlingt.

Auf meiner Reise durch Deutschland bis hieher kam ich nun durch 3 grosse Thäler, die von dem Rhein, dem Necker und der Donau der Länge nach durchströmt werden. Das Vogesische Gebirge und der Schwarzwald, die von Süden nach Norden parallel laufen, bilden das erstere. Der Schwarzwald deckt es gegen die kalten Ostwinde, und die verschiedenen Arme dieser parallelen Gebirge schützen es auch gegen die unfreundlichen Stösse des Nordwindes. Es genießt eine angenehme und gemäßigte Witterung, welche die Weintrauben zu einer vollkom-

menen Zeitigung gedeihen läßt. Das Necker-
thal ist von einer ähnlichen Beschaffenheit;
aber das ungeheure Donauthal steht der Wuth
aller unfreundlichen Winde offen. Der größte
Theil desselben ist gegen Norden und Nordosten
abhängig, wie man aus dem Lauf der Flüsse, Iller, Lech, Iser u. a. ersieht. Hier schützt den
zärtlichen Vater Bachus nichts gegen die Grobheit des Boreas und des Aquilo. An der Iser
und Donau unter Regensburg hat man zwar
Versuche mit dem Weinbau gemacht; aber
man gewinnt bisher von dem Weinstock noch
nichts als Eßig. Ich glaube, dieser ganze
Strich Landes ist noch zu waldigt und wässe-
rigt, als daß die Traube in der hiesigen Luft
zeitigen kann. Was war Schwaben und das
Rheinland zu Tacitus Zeiten? Wie weit war
nicht dieser Römer entfernt zu glauben, der
Weinstock könne auf deutschem Boden Nahrung
finden. Er verzweifelt sogar, daß unter diesem
Himmel Obst wachsen könne. Und doch trägt
itzt Schwaben herrliche Weine, die dem Faler-
ner und allen den gepriesenen römischen Weinen
den Rang streitig machen, und das noch wildere
Bayern bringt gutes Obst in Ueberfluß hervor.
Mit dem Anbau eines Landes verändert sich seine Luft. Die Austrocknung des Bodens macht

sie wärmer, und wer weiß, wie viel nicht die Ausdünstung einer starken Volksmenge auf die Luft wirken kann? Mit der Zeit können ohne Zweifel auch glücklichere Versuche in Bayern mit dem Weinbau gemacht werden. Die Abhänge der Berge am linken Ufer der Donau, zwischen hier und Regenspurg biethen für die Rebe eine günstige Pflanzstette dar, indem sie gegen die schlimmern Winde gedeckt sind; und der Wein, der wirklich in der Gegend von Passau gezogen wird, verdient allerdings diesen Namen.

Uebrigens hat dieses grosse Donauthal, welches hier auf der linken Seite des Flusses von einem Arm des böhmischen, auf der rechten aber von einem Ast des steyrischen Gebirges geschlossen wird, den besten Getreideboden. Es könnte sehr leicht noch einmal so viele Menschen nähren, als es wirklich enthält. Oft ist in Bayern der Preiß des Getreides so gering, daß dem Bauern kaum die Mühe des Baues bezahlt wird. 170 Pfund Roggen werden öfters um 2 Gulden verkauft.

Die Schiffahrt ist in dieser Gegend der Donau bey weitem nicht so beträchtlich, als sie es am Oberrhein ist. Man versteht es noch nicht, den Strom gemächlich aufwärts zu fahren.

Die meisten Schiffe, welche hier vorübergehn, kommen von Regenspurg nach Ulm, sind ohne Masten, ohne Theer, bloß von Tannenbrettern gebaut, und werden zu Wien oder anderstwo verkauft. Der Kaiser hat den Schiffleuthen, die ihre Fahrzeuge nach rheinischer Art bauen würden, ansehnliche Belohnungen versprochen; aber es geht hier wie überall. Es hält schwer den mechanischen Theil des Publikums aus seinem gewohnten Gleise zu bringen. Die Schiffleuthe mit denen ich gesprochen, wollen gar nichts von Masten und Segeln hören. Sie sagen, der Mast drücke das Schiff vorne nieder, wenn es gezogen würde. Umsonst erklärt man ihnen, daß, wenn an das Seil, welches von der Spitze des Mastes ans Ufer geht, ein Querseil angebracht wird, das an der Spitze des Vordertheils des Schiffes bevestigt ist, und in einer Rolle an jenem grossen Seil anhängt, auf diese Art das Schiff nicht niedergedrückt werden kann, indem die Richtung des Zuges alsdann horizontal geht. Es ist unausstehlich, ein Schiff die Donau heraufziehn zu sehn. Das Seil ist an dem Vordertheil des Schiffes bevestigt, und wird von 15 bis 18 der stärksten Pferde auf dem Rand des Ufers fortgeschleppt. Es rasirt alles kleine Gesträuche, das ihm in den

Weg kömmt, und wenn das Hinderniß etwas zu groß ist, so müssen 2 bis 3 Kerls dasselbe mit Hebeln lüften. Das Schiff wird in seinem Schneckengang alle Augenblicke aufgehalten und oft müssen in einem Raum von einigen hundert Schritten die Pferde mehrmal ausgespannt werden. Das Reiben des Zugseiles auf der Erde vermehrt die Last wenigstens um so viel als Ein Pferd ziehen mag, und mit dem Segel könnten oft mehrere Pferde erspart werden. Die unbetheerten Schiffe werden in dem süssen Wasser und von der Sonnenhitze gar bald leck. Weil die Fahrt den Strom hinauf noch nicht sehr gewöhnlich ist, so fehlt es von Stationen zu Stationen an Miethpferden, und die Schiffleuthe sind gezwungen, alle Pferde für die ganze Reise mitzunehmen, ob sie schon an manchen Orten einige ersparen könnten. Der Rheinschiffer genießt die Gemächlichkeit, daß er bald mit 2, bald mit 6 Pferden fahren kann, je nachdem ihm die Gegend des Stromes oder der Wind günstig ist, welches er bloß der starken Befahrung dieses Flusses zu verdanken hat, wodurch die am Ufer wohnenden Landleuthe in den Stand gesetzt werden, Pferde auf kleine Stationen zur Miethe für die Schiffer zu halten. Alle diese Hindernisse können jetzt so leicht noch nicht gehoben werden, und einige fallen von selbst weg, sobald die Handlung der Donaulande beträchtlicher seyn wird. Das größte Donauschiff welches diese Gegend bis nach Wien befährt, ladet öfters 2000 Zentner, welches ohngefähr so viel als die Ladung eines zweymastigen Seeschiffes beträgt. Leb wohl.

XVIII.

Mannheim —

Als ich die bunten Schwärme von Bedienten, die Kastraten, die unzäligen Tänzer und Sänger, die prächtigen Gärten, und die vielen unnützen Generäle des Hofes zu München sah, setzte ich den größten Theil davon der ehemaligen Landesregierung auf die Rechnung, und glaubte, der jetzige Kurfürst habe beym Antritt seiner Regierung von Bayern keine grosse Reduktionen vornehmen wollen, um sich nicht verhaßt zu machen, um so mehr, da durch die Akquisition von Bayern seine Finanzen in eine ganz andre Lage gesetzt worden. Allein, wie erstaunte ich, als ich erfuhr, daß er schon zu

Mannheim, wo seine Revenüen nicht den dritten Theil von seinen jetzigen Einkünften betrugen, den nämlichen Aufwand für Pracht, Wollust und eiteln Schein machte!

Glaubst du wohl, Bruder, daß der Hof von Mannheim, der nicht über 3200000 rheinische Gulden Einkünfte hatte, bloß für seine Oper und Musik jährlich 200000 Gulden verwendete? Glaubst du wohl, daß bloß die Unterhaltung des Gartens von Schwetzingen, der jenem von Versailles wenig nachgiebt, so groß auch der Abstand zwischen unserm Monarchen und einem Kurfürsten von der Pfalz ist, jährlich 40000, und die Unterhaltung der Schlösser von Mannheim und Schwetzingen, jährlich gegen 60000 Gulden gekostet hat, und noch wirklich kostet? Daß der Artickel von Jagden jährlich gegen 80000 und der vom Hofstall gegen 100000 Gulden betrug? Daß dieser Hof 11 Regimenter Soldaten nebst eben so vielen Generälen hatte, die zusammen nicht über 5500 Mann ausmachten, und die Hofbedienten doch beym Anlaß der Streitigkeiten zwischen ihrem Kurfürsten, den Grafen von Leiningen und der Stadt Aachen, von 40000 Mann sprachen, die sie gegen den Kaiser, der mit Execution drohte, wollten anrücken lassen, und noch von 15000 Mann, die sie nach öffentlichen, gedruckten Nachrichten gegen die Reichsstadt Aachen zu beordern willens waren? Daß der pfälzische Hof, um das Marionettentheater vollkommen zu machen, zu 2 bis 3 Rheinjagdschiffen auch einen Großadmiral hält, hab ich dir schon zu München gesagt.

Gewiß ist der gute Kurfürst größtentheils an dieser elenden Wirthschaft unschuldig. Seine Bedienten bringen ihm falsche Begriffe von Größe bey, und schmeicheln seinen Schwachheiten, um sicher den Raub des Landes unter sich theilen zu können.

Man nennt die Pfalz das Paradies von Deutschland. Von ihrer Fruchtbarkeit kannst du dir daraus einen Begriff machen, daß sie in manchen Jahren gegen 30000 Malter Korn, das Malter zu 170 Pfund, nach Frankreich verkauft, und noch eine grosse Menge Getreide ins Maynzische, Trierische und auch in die Schweiz ausgeführt hat. Nebst dem Getreide gewinnt man auch eine grosse Menge Wein, Toback und Grapp, welcher von vorzüglicher Güte ist. Allein, nichts hat mir einen so hohen Begrif von der Ergiebigkeit des Landes gegeben, als die Liste eines kurfürstlichen Einnehmers von den Abgaben der Unterthanen im

Vergleich mit ihrem Wohlstand. Für mich wenigstens wäre es ein unauflösliches Problem, eine Rubrik von Auflagen zu erfinden, die nicht auf dieser Liste stünde; es müßte denn eine Akzis von der Luft seyn, die man auf pfälzischem Grund und Boden einathmet. Einige Kontributionen, z. B. für einen Kanal von Frankenthal, Rheindämme u. dgl. m. sind sogar beständige Auflagen geworden, da sie doch bey ihrer Entstehung nur zur Bestreitung augenblicklicher Bedürfnisse bestimmt waren, und von selbst wieder wegfallen sollten, da nun die Bedürfnisse, wenn ein ganz überflüßiger und fast unbrauchbarer Kanal diesen Namen verdient, gehoben sind. Aeusserst merkwürdig für einen Politicker sind die pfälzischen Zölle. Bloß um sie zu vermehren, hat man die kurfürstlichen Aemter oder Vogteyen so eingetheilt, daß fast jeder Ort an einer Hauptstraße zu einer andern Vogtey gehört, und also an jedem Ort auch ein neuer Zoll von den durchgehenden Gütern entrichtet werden muß. So schädlich diese Einrichtung auch für die innere Staatsverwaltung ist, indem ein Dorf öfters dreymal weiter von dem Sitz seines Amtmanns oder Landschreibers entfernt ist, als es seyn würde, wenn man mehr die Natur und das Wohl der Unerthanen als jenes des Fürsten und seiner Bedienten zu Rath gezogen hätte, so ist in diesem Lande, das durchaus von seinen eignen Bedienten geplündert wird, das Privatinteresse der Räuber doch zu überwiegend, und alles Fünkchen von Vaterlandsliebe zu sehr erstickt, als daß sich hierinn eine Aenderung hoffen liesse. An manchen Orten ist die Zollstätte an der Strasse nur mit einem Stock bezeichnet, und die Fuhrleuthe, Viehtreiber u. s. w., wenn sie auch Landesprodukte ausführen, sind gezwungen, eine Stunde und noch weiter von der Strasse wegzulaufen, um in einem entfernten Dorf den Zoll zu entrichten. Ist zwischen der Art des alten deutschen Adels, der noch unter Kaiser Maximilian die Kaufleuthe auf offener Strasse beraubte, oder gewaltthätig Transitgelder von ihnen erpreßte, und der pfälzischen Zollverfassung ein andrer Unterschied, als daß der alte Adel auf Gefahr seiner Haut that, was die pfälzische Regierung ohne alle Gefahr und ohne alle Ahndung thut?

Um den Geist der pfälzischen Staatswirthschaft noch besser fassen zu können, mußt du wissen, daß man für die Stadt Mannheim und die Gegend auf einige Meilen in die Runde umher sogar ein Brennholzmonopolium errichtet hat; aber nicht von der Art des Monopoliums von Berlin, welches den Bauern den Verkauf ihres Holzes eher begünstigt als hemmt. Ein natürlicher Sohn des Kurfürsten, den er in den Grafenstand erhob, machte ein Komplot mit einigen Projekteurs, und wußte sich ein Patent zu diesem Monopolium zu verschaffen, kraft dessen er auf Kosten der Einwohner von Mannheim und der Bauern des benachbarten Landes prächtig leben kann.

Die Regierung dieses Landes ist so, daß es mir wirklich eckelt, mehrere Züge zu deiner Erbauung aufzusuchen. Hier muß man besonders Gebrauch von der Regel eines unsrer bekanntesten Schriftsteller machen: „Laßt uns einen Vorhang vorziehn!„ Alles, was je nur eine Regierung von Pfaffen, Mätressen, natürlichen Fürstensöhnen, Parvenus, Projekteurs, Kastraten, Bankrutiers, u. dgl. m. ausgezeichnet hat, findet man in der Pfalz wie in einem Kompendium beysammen. Ich sprach mit mehrern Bedienten dieses in jedem Betracht so merkwürdigen Landes, die gar kein Geheimnis daraus machen, daß sie ihre Stellen erkauft haben. Man hat häufige Beyspiele, daß die Stellen in der Antichambre einer Mätresse unter den Kandidaten öffentlich gesteigert wurden. Eine Folge davon sind die himmelschreyenden Bedrückungen und Ungerechtigkeiten, welche die sogenannten Landschreiber oder Landvögte begehen, die ächte türkische Paschas sind, und von den Unterthanen ihrer Bezirke durchaus als brandschatzende Feinde angesehen werden. Ich hatte die Ehre, in einer sehr grossen und glänzenden Gesellschaft bey einem dieser Paschas zu speisen. Er und seine zahlreiche Familie schimmerten von kostbaren Ringen, Uhren, Borden und allem Zubehör des ausschweifendsten Luxus. Wir hatten 24 Gerichte auf der Tafel, worunter auch junge Pfauen waren. Das Desert entsprach vollkommen der Pracht der Tafel. Alles war im größten Ton. Der Mann hat seinen hübschen Stall, seine prächtige Equipage und seine Jäger, und doch betragen seine ordentlichen Gefälle nicht über 2000 Gulden. Wie er mit dieser Revenue seinen ungeheuern Aufwand bestreiten könne, kann man von jedem armen Bauern seines Gebiethes erfahren, wenn man ihn nur ein wenig vertraut macht. Mit den reichen Bauern steht ein solcher Pascha natürlich im Komplot. So treiben es fast alle pfälzischen Landschreiber. Ich lernte bey diesem Anlaß auch einen kennen, der von einem andern Stand des heiligen römischen Reiches als ein treuloser Bedienter und als infam des Landes verwiesen wurde, und sich durch die gewöhnlichen krummen Wege und heimlichen Treppen eine ansehnliche Stelle in der Pfalz erschlichen hat, wo er gegen die Anklagen über Malversationen und gegen die Infamie sicher ist. In keinem deutschen Lande können die Avanturiers von jeder Art so leicht ihr Glück machen, als in der Pfalz, und so lange sie ihre Beute treulich mit der fürstlichen Kasse theilen, sind sie gegen alle Angriffe sicher. Das Lotto di Genua, welches mit dem gelindesten Namen belegt, doch immer ein Pharaotisch ist, wo der Landesfürst seine Unterthanen einladet, ihr Geld an ihn zu verspielen, hat sich auch nirgends in Deutschland so wohl befunden, als in Mannheim. Es harmonirte mit dem übrigen Finanzsistem des Hofes zu schön, als daß es nicht an demselben sein Glück hätte machen sollen. In einem sogenannten Lottokalender wird mit Privilegium des Kurfürsten und unter seinem Wappen gesagt, „das Lottospiel wäre der kürzeste, sicherste und anständigste Weg für jedermann, sein Glück zu machen.„ Nun ist längst schon bekannt, daß alle Vortheile dieses Spieles bloß in der Hand des Reichen sind, und daß die Spieler, welche Kreutzer und Batzenweis einsetzen, der

Lottokasse die angenehmsten seyn müssen. Welche Begriffe muß man sich von einem Hof machen, der alle Beredsamkeit und alle Charlatanskünste gebraucht, um seine Unterthanen zu einem Spiel zu reitzen, bey welchem sie, im Ganzen, nothwendig verlieren müssen, und bey dem er, wie sehr leicht zu berechnen ist, wenigstens 100 p. Cent gewinnen muß! Es ist wahr, fast jeder deutsche Hof hat ein solches Lotto; keiner aber hat so viele Marktschreyerey angewendet, um seine eignen Unterthanen zum Spiel zu reitzen, als der pfälzische.

Alle diese Sultanismen kommen noch in keinen Vergleich mit den Religionsbedrückungen, welche die Protestanten des Landes vom Hofe ausstehn müssen. Die herrschende Religion des Landes sollte nach verschiedenen Verträgen und Friedensschlüssen eigentlich die reformirte seyn. Durch unerhörte Gewaltthätigkeiten sind aber die Katholicken, die den Traktaten gemäß nur tolerirt waren, nicht nur herrschend sondern auch mächtig genug geworden, um die Reformirten verfolgen und unterdrücken zu können. Man nahm in den Städten und Dörfern des Landes das verworfenste Gesindel, Zigeuner, Landesverwiesene und die verächtlichsten

sten Konvertiten auf, bloß um die Zahl der Katholicken zu vermehren. Man schloß die Reformirten nicht nur von allen erledigten Stellen aus, sondern nahm auch den wenigen, die schon bey der Staatsverwaltung angestellt waren, ihre Dienste. Man machte den Schweinhirten eines Dorfes zum Schulzen, weil sonst kein katholischer Einwohner da war. Man begnadigte Diebe und Missethäter von jeder Art, wenn sie zur Hofkirche übergiengen, und bey allen Gerichten herrschte eine Partheylichkeit gegen die Protestanten, welche öfters die ausschweifendsten Ungerechtigkeiten veranlaßte. Und der nämliche Hof*), der den größern und bessern Theil seiner Unterthanen so unmenschlich zu unterdrücken sucht, ward von in- und ausländischen Schriftstellern bis zum Himmel erhoben. Die gedrückten Protestanten hatten kein anderes Rettungsmittel mehr, als ihr Vaterland zu

Q

---

*) Es versteht sich von selbst, daß der Herr Verfasser nach Art der Franzosen überhaupt unter dem Hof nicht den Fürsten, sondern die Administration versteht. Auch in Frankreich sind jetzt die Gesinnungen des Königs von jenen seiner Bedienten sehr verschieden. Linguet ist ein Beweiß davon.

verlassen. Sie wanderten so häufig nach Amerika aus, daß die Engländer in ihrer Sprache alle fremde Kolonisten Pfälzer nennen. So wenig lächerlich diese Grausamkeiten sind, so sehr sind es die Anstalten des Hofes zur Beförderung der Industrie im Abstich mit denselben. Während daß man den vermögendsten und fleißigsten Theil der Unterthanen aus dem Lande vertreibt, legt man zu Lautern eine sogenannte Kameralschule an, wo die vortreflichsten Theorien von Bevölkerung und dem Anbau eines Landes, von Industrie, vom Finanzwesen u. s. w. gelehrt werden, und lockt unzählige Projekteurs nach Frankenthal, um Fabriken anzulegen. So weit ist die Praxis von der Theorie verschieden!

Ohne Zweifel trägt die starke Auswanderung viel dazu bey, daß sich die Bauern in der Pfalz bey all den Bedrückungen der Landschreiber und den ungeheuern Auflagen doch noch ziemlich wohl befinden. Die sehr einträglichen Güter werden dadurch unter ihren natürlichen Werth herunter gesetzt, und der Ertrag derselben über den Ankaufpreiß erhöht.

So viel Geschrey man auch von den Manufakturen der Pfalz macht, so beruht ihr Werth im Ganzen doch auch gleich den übrigen Attributen und Modifikationen des pfälzischen Ho=

fes, mehr auf dem Namen als auf der Sache. Alle Fabriken von Frankenthal, dem Hauptsitz der pfälzischen Industrie, der aber kaum 2000 Einwohner zählt, sind lange nicht so viel werth, als eine einzige der ansehnlichern Manufakturen, von Sachsen, Preussen, Oesterreich, der Schweiz und vielen andern Ländern. Auſſer der Porzellánfabrik ist nicht Eine da, die nur 100 Menschen beschäftigte, oder deren Kapital 100000 Gulden betrüge. Man nennt eine Oblatenbeckerey, wo 3 Menschen, den Jungen mitgezählt, arbeiten, eine Fabrik. In dem Verstand sind alle Werkstätten der Schuster, Schneider u. s. w. in der Pfalz Fabriken und Manufakturen. Nicht einmahl die ersten Materien, welche das Land selbst liefert, weiß man nur in hinlänglicher Menge für die innere Konsumtion zu verarbeiten. Der pfälzische Toback wird in ganzen Schifsladungen roh nach Holland geführt, und guten Theils wieder zurück gebracht, wenn er zubereitet ist.

Die ökonomischen Grundsätze der pfälzischen Regierung kannst du am genausten dadurch abwiegen, daß sie einem Theil ihrer Unterthanen die Ausfuhr der Landesprodukten auf alle Art zu erschweren sucht. Die Stadt Maynz lebte bisher bloß von pfälzischem Brod. Der Hof von Mannheim suchte den von Maynz zu schikaniren, wie denn alle benachbarten Reichsstände in einer ewigen Fehde mit einander begriffen sind, und das Faustrecht trotz allen Landfrieden immer noch, nur mit veränderten Nebenumständen, gegen einander ausüben, und wollte die Bürger von Maynz zwingen, ihr nöthiges Getreide auf pfälzischem Grund und Boden aufzukaufen. Ehedem brachten es die Bauern auf die Märkte der Stadt. In dieser Absicht legte der Hof von Mannheim zu Oppenheim und an andern auf der Gränze vom Maynzischen gelegenen Orten Wochenmärkte an. Ein Vortheil für die Pfälzer wäre es immer gewesen, daß die fremden Käufer auf ihren Märkten etwas Geld verzehrt hätten, und sie die Marktpreise besser hätten machen können, als zu Maynz, wenn diese Stadt und das benachbarte Rheingau so ganz und gar in Rücksicht des Brodes von der Pfalz abgehangen hätte, daß sie gar keine andre Zufuhr hätte bekommen können. Allein dieser Zwang, wodurch für die Maynzer der Preiß des Getreides etwas erhöht ward, indem sie es nicht so wohlfeil in die Stadt transportiren konnten, als die pfälzischen Bauern mit ihrem eignen Vieh, setzte einen Theil der wetterauischen

Bauern, in der so getreidereichen Gegend von Usingen und Friedberg in den Stand, mit den pfälzischen Bauern im Verkauf des Korns zu Maynz zu konkurriren, und diese waren nun gezwungen, einen Theil des Getreides, welches sie sonst der Stadt Maynz lieferten, mit mehr Beschwerde und weniger Gewinn nach Frankreich und der Schweitz zu führen, und so mußten sie eine Grille des Hofes büssen, der immerfort mit seinem eignen Interesse und der guten Sache überhaupt im Streit liegt. Da alle pfälzischen Projekte keinen Bestand haben, so werden seit einigen Jahren die Wochenmärkte von Maynz wieder wie ehedem von den Pfälzern besucht — Auch die Zölle, von denen ich dir oben gesagt, erschweren den Absatz der pfälzischen Landesprodukten ungemein.

Mannheim ist eine ganz regelmäsig gebaute und hübsche Stadt, von ohngefähr 25000 Einwohnern. Seitdem der Hof zu München residirt, soll sie gegen 2000 Menschen verloren haben. Die Mannheimer thaten dem Kurfürsten den seltsamen Vorschlag, bey ihnen zu bleiben, und Bayern, welches wenigstens fünfmal so groß ist, als die Pfalz, durch einen Statthalter regieren zu lassen. Sie können jetzt noch nicht begreifen, wie ihr Landesfürst

München vorziehen könne. Sie sind von den Schönheiten ihrer Hauptstadt so sehr eingenommen, daß sie dich unter die Nase auslachen, wenn du ihnen sagst, es gebe noch schönere Städte in der Welt, als Mannheim. Und doch erweißt man dieser Stadt noch zu viel Ehre, wenn man sie ein Miniaturgemäldchen von Turin, Berlin und andern Städten nennt. Die in die Länge sehr enuyante Regelmäßigkeit abgerechnet, ist München selbst eine viel schönere Stadt als Mannheim, welches ausser dem kurfürstlichen Schloß und der Jesuitenkirche kein einziges nur sehenswürdiges Gebäude hat. Alles übrige, was sie hier groß und schön nennen, fällt so sehr ins kleinlichte und verkünstelte, daß es das Auge des Kenners anekeln muß. Ueberhaupt sind die Mannheimer das eitelste Völkchen unter der Sonne. Sie haben einen so hohen Begrif von der Macht und dem Reichthum ihres Landes, daß sie ihren Fürsten mit den größten Monarchen parallel setzen. Sie versichern dich in vollem Ernst, daß, wenn derselbe nicht zu sehr den Frieden geliebt und die Vergiessung des Menschenblutes nicht zu sehr verabscheut hätte, es ihm ein leichtes gewesen wäre, sich gegen die Ansprüche des Hauses Oestreich mit Gewalt in Besitz von

Bayern zu setzen. Dieser lächerliche Begrif ist ohne Zweifel daher entstanden, daß die Pfalz mit noch kleinern Ländern umgeben, und ihr Fürst also unter den kleinsten der größte ist. Sie sind durchaus das Gepräge ihres Hofes, und ihre Devise ist: Viel Lärmen um nichts. Auch die Wohllust ist durch das Beyspiel der Grossen bis in die Winkel der geringsten Bürger ausgebreitet worden. Es wimmelt da von Mätressen, und eine Bürgersfrau hält es für unartig, ihrem Mann getreu zu seyn. Mit der durchaus herrschenden tiefen Armuth sticht die Wohllust und der Hang zur Kleiderpracht seltsam genug ab. Das Frauenzimmer dieser Stadt ist übrigens sehr schön, artig und reitzend.

Die Verfassung der Pfalz ist eine der despotischesten in Deutschland. Sie hat keine Landsstände, und die Privilegien der verschiedenen Gemeinden sind ein Spiel des Hofes. Allein hier wird man mehr als an irgend einem andern Ort in der Welt überzeugt, daß der uneingeschränkteste Regent der abhängigste unter allen ist. Er hängt, als Regent, von seinem niedrigsten Bedienten ab, und ist Dupe von allen, die ihn umgeben. Jeder Untergeordnete spielt die nämlichen Despotie, in so weit sein

Achtzehnter Brief.

Wirkungskreis reicht, und wenn der Regent nicht Muth und Kräfte genug hat, die Regierungsgeschäfte hie und da auch im Detail selbst auf sich zu nehmen, oder wenigstens seine Bedienten streng zu prüfen, so stehn dieselbe unter einander in einem stillschweigenden Komplot gegen ihn und das Land, und niemand ist da, ihm die Wahrheit zu sagen und für die gute Sache das Wort zu nehmen. Der Kurfürst kann keinen Stein zu einem Gebäude bewegen lassen, ohne auf die schrecklichste Art betrogen zu werden — „Ziehen wir den Vorhang vor!„ —